西安曲江出版传媒股份有限公司

专业数字出版 标准教程

U0621253

I-Publish Mobile Rich Media
Interactive E-book Development Platform Application Guide

I-Publish
移动富媒体互动电子书开发平台
应用指南

曹 进 编著

科学出版社
北京

内 容 简 介

本书提供了关于I-Publish开发的全面信息,对其中的各种组件做了深入浅出的介绍,对I-Publish开发流程、操作原理和基本原则进行了详细且通俗的讲解。此外,还结合实例讲解了如何开发各种I-Publish特性,包括LBS定位、内嵌浏览器、360度旋转、预览交互效果、翻页效果、视觉特效、弹出效果及多张页面效果等。

本书适合移动端多媒体电子书制作人员作为指导用书及培训教材等。

图书在版编目(CIP)数据

I-Publish移动富媒体互动电子书开发平台应用指南/曹进编著. —北京:科学出版社,2016

专业数字出版标准教程

ISBN 978-7-03-048618-9

Ⅰ. ①I… Ⅱ. ①曹… Ⅲ. ①电子出版物—应用软件—指南 Ⅳ. ①G255.75-39

中国版本图书馆CIP数据核字(2016)第126712号

责任编辑:杨慧芳 张正原 / 责任校对:张爱林
责任印刷:华 程 / 封面设计:陈 婉

科 学 出 版 社 出版

北京东黄城根北街16号
邮政编码:100717
http://www.sciencep.com

北京京华虎彩印刷有限公司印刷

科学出版社发行 各地新华书店经销

*

2016年8月第 一 版 开本:787×1092 1/16
2016年8月第一次印刷 印张:20
字数:316 000

定价:128.00元(含1CD价格)
(如有印装质量问题,我社负责调换)

PREFACE 序言

　　近年来，数字出版作为全球出版业的一种新型业态，发展迅猛。随着全球信息化进程的推进以及数字技术向各个领域的不断延伸，我国数字出版产业规模迅速扩大，数字内容产品形态多样，市场份额逐年大幅递升，数字阅读越来越受到广大读者的青睐。数字出版已经成为我国出版业重要的战略发展方向和新的增长点。

　　数字内容产品的创新与科技应用均需以用户体验为出发点，不断探索运用新技术，实现融合传播、满足用户需求、吸引用户的新产品、新模式。充分利用新技术、新媒体，实现文字、图片图形、音视频和动漫等数字内容的多样化呈现、多渠道推送，满足用户的多种体验需求。

　　"小荷才露尖尖角，早有蜻蜓立上头。"近年来，伴随着数字出版大潮，电子书的制作软件不断推出，文件格式多种多样，可谓"乱花渐欲迷人眼"。而且，这些电子书制作软件的核心技术基本掌握在技术公司，一般不会向出版企业转售或者售价让出版企业难以接受。令人欣慰的是，由中国新闻出版研究院和西安曲江出版传媒股份有限公司牵头，由曹进、仵波等技术专家积极推进相关技术及软件研发，经过3年多的反复调研、设计、修改和实际应用测试，形成了"蕴藏汉唐灵气、谐万众心音"的最新款跨媒体电子书制作软件——《I-Publish-2.0移动富媒体互动电子书开发平台》。该平台支持平板、手机、PC等多种终端、OS、Android、Windows等多种操作系统；完全实现可视化操作，无须编程，真正做到简单、高效、快速；同时，还具有一次制作、多平台发布等特点。

目前，我国正处于创新驱动发展的关键时期，高新技术特别是信息技术的创新与应用，是推动以数字出版为核心的新兴出版快速发展，进而推进新闻出版业融合发展的重要驱动力。我们期待该软件能广泛投入出版应用实践，尽早为推进传统出版与新兴出版融合发展发挥积极、重要的作用！

王　彪

2016年1月18日

CONTENTS 目录

第1章
I-Publish简介

第2章
I-Publish功能指南

第3章
I-Publish开发案例

附　录

CONTENT

第 1 章　I-Publish 简介

1.1 初识 I-Publish

I-Publish 是在 Windows 操作系统下，无编程、可视化开发 iOS 和 Android 应用程序的工具。只要会使用 Word，您就能在 1 小时内学会开发具有视频、音频、图片、三维立体模型、互动等内容的富媒体电子书，真正做到简单、高效、快速，同时还具有一次制作、多平台发布等特点，是彻底颠覆传统出版的一次重大变革！

知 识 窗

富媒体

英文为 Rich Media，它本身并不是一种具体的互联网媒体形式，而是指具有动画、声音、视频和 / 或交互性的信息传播方法。富媒体包含流媒体、声音、Flash 以及 Java、JavaScript、DHTML 等程序设计语言的形式之一或者几种的组合。

1. 全面支持 iOS 和 Android 设备，可生成横版、竖版

I-Publish 支持用户自主选择应用设备，根据设备显示屏幕尺寸来调整应用分辨率及 DPI，与设备精确匹配，生成完美应用。程序可以自动适应图片大小，可缩放、拉伸，不再担心各种设备间的屏幕适应问题。软件页面可以设置多个节，每个节下可以加入多个页面，页面中可添加子页，完全满足各种复杂编辑的需求，并在页面切换时支持多种翻页方式。

2. 无编程、可视化开发面向 iOS 和 Android 的应用程序

I-Publish 是一个应用程序编辑器，支持添加文字、形状、网页、图片、声音、视频、热点、广告等，通过鼠标拖曳操作编辑素材，所想即所得。随着软件的升级，会逐渐支持

更多的应用程序，如 PDF、HTML5 等。

3. 功能深度定制，一键导入

为方便批量制作电子书应用，I–Publish 提供一键导入视频、声音、图片、360 度旋转、浏览器控件、PDF、LBS 定位、相册控件、帧动画、搓动文本、放大缩小、浮动层、文本备注、声音备注、CoverFlow 等深度控件。

特 别 提 示

当前的软件版本暂不支持一键导入 PDF，该功能模块仍在开发过程中，在后续的软件版本中会予以支持。

4. 一次制作，多平台发布

I–Publish 完全解决了困扰出版企业的多平台发布难题，并大幅降低了制作成本，只需要一次编辑，就可以同时生成 iOS、Android 原生应用。

I–Publish 内含多种功能模块，如：下载式书架、嵌入式书架、互动目录、图片集、标注录音、LBS 移动位置定位、720 度全景漫游、产品 360 度展示、嵌入视频、嵌入声音、嵌入 Web 浏览器、广告插件、图片放大切换、帧动画、全页面缩放、文本拖动、动态按钮、热区连接、十种以上翻页效果、自建模板及模板管理等。

5. 多项专利

（1）基于 Windows 系统下可视化开发 iPad 应用程序的方法。

（2）基于 Windows 系统下可视化开发幼教互动电子书的方法。

（3）实用新型，基于 Windows 系统下可视化开发幼教互动电子书的装置。

（4）实用新型，基于 Windows 系统下可视化开发 iPad 应用程序的装置。

（5）实用新型，新媒体上视频制作平台。

（6）实用新型，新媒体上音频制作平台。

（7）实用新型，新媒体上动画制作平台。

1.2　安装 I-Publish

1.2.1　系统基本配置要求

1. 硬件环境

计算机的最低配置	计算机的推荐配置
处理器：酷睿双核 CPU 内存：2GB 内存 显示器：1440*900 以上分辨率	处理器：Intel i5 处理器 内存：4GB 内存 显示器：1960*1080 以上分辨率

2. 软件环境

操作系统：微软 Windows 7 操作系统；

软件运行环境：Frameworks 4.5；

Java 运行环境：JDK。

知　识　窗

Framework

Framework 全称是 Microsoft .NET Framework，主要用于 Windows 的新托管代码编程模型。

JDK

JDK 全称是 Java Development Kit，它是 Java 语言的软件开发工具包，主要用于移动设备、嵌入式设备上的 Java 应用程序。

软件的安装

要开始电子书制作旅程，第一步就是要先安装电子书开发工具 I-Publish。

01 找到光盘中的安装文件"Setup.exe"，双击运行（图 1-1）。

Setup.exe

图 1-1　软件安装的可执行文件

02 单击【下一步】继续（图 1-2）。

图 1-2　安装欢迎界面

03 选中"我接受许可证协议中的条款"，单击【下一步】继续（图 1-3）。

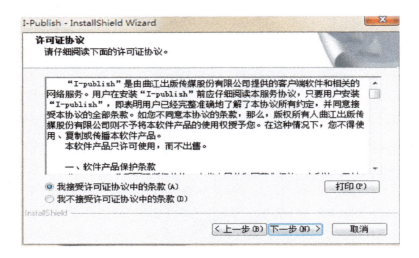

图 1-3　许可证协议

04 这里用户可以根据需要选择全部安装或定制安装软件的位置，单击【下一步】继续（图 1-4）。

图 1-4　安装类型选择

05 默认情况下，软件是安装在"C:\Program Files\ 西安曲江出版传媒股份有限公司 \I-Publish"文件夹下。当然，用户也可以根据自己的需求选择软件安装的目录（图 1-5）。

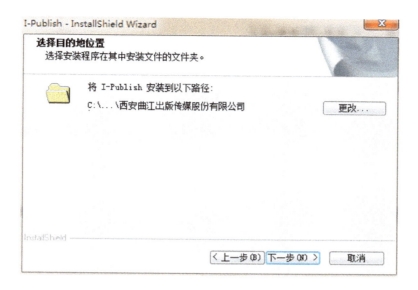

图 1-5　安装位置选择

06 完成了安装路径的选择后，单击【下一步】继续（图 1-6）。

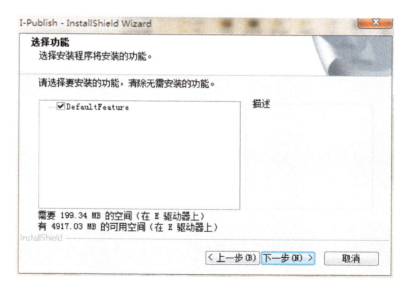

图 1-6　选择功能图

07 直接单击【下一步】进入安装确定页（图 1-7）。

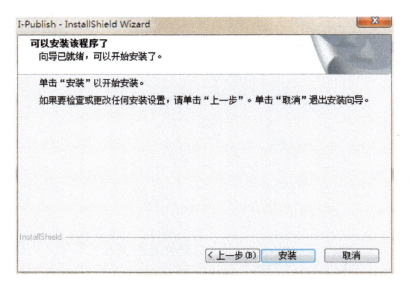

图 1-7　安装确认

08 单击【安装】就可以开始软件的安装了（图 1-8）。

09 安装过程中，用户也可以随时单击【取消】按钮来取消安装。

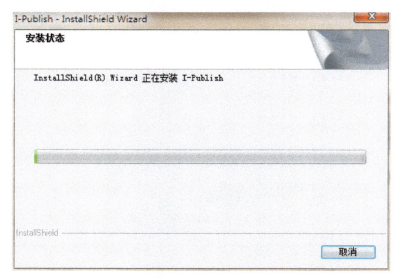

图 1-8　安装状态图

10 当安装完成后，单击【完成】即可（图 1-9）。

图 1-9　安装完成

11　当用户的系统中没有安装 Java 开发环境时，系统会弹出对话框，单击【确定】（图1-10）。

图 1-10　Java 环境提示

12　如果勾选更改目标文件夹的选项时，它会进入安装目录的选择界面；如果不勾选，则直接进入安装界面（图 1-11）。

图 1-11　Java 安装环境

13 单击【安装】，可以通过更改来改变 Java 开发环境的位置（图 1-12）。

图 1-12　Java 安装目录选择

14 单击【下一步】，进入 Java 环境的安装界面（图 1-13）。

图 1-13　Java 安装界面

15 安装完成后弹出对话框，单击【关闭】完成软件的安装（图1-14）。

图1-14 Java安装完成界面

此时，用户可以在桌面找到I-Publish的启动快捷方式（图1-15）。

图1-15 桌面快捷方式

1.2.3 软件的卸载、修复与升级

1. 软件的卸载

当用户不再使用该软件时，就可以选择卸载该软件。I-Publish 的卸载可以通过以下两种方式：

（1）以"除去"方式卸载 I-Publish

01 双击安装文件，会弹出卸载界面（图 1-16）。

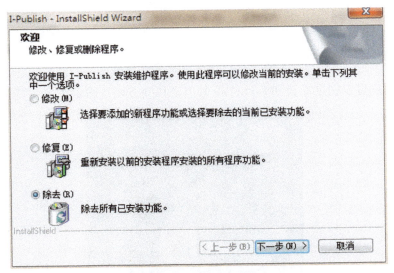

图 1-16　卸载界面

02 选择【除去】→【下一步】。

03 单击【是】按钮，确认卸载软件（图 1-17）。

图 1-17　卸载确认界面

04 卸载进度条（图 1-18）完成后，单击【完成】按钮，完成软件的卸载（图 1-19）。

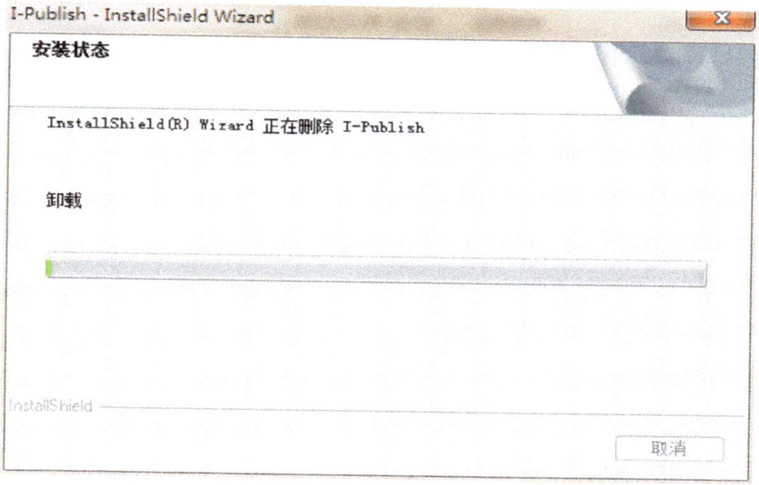

图 1-18　卸载进行中

图 1-19　卸载完成

（2）通过计算机的"控制面板"卸载 I-Publish

01 左键双击电脑桌面的【控制面板】图标（图1-20），进入计算机控制面板子页面。

图 1-20　控制面板图标

02 在控制面板子页面中选择【程序】分组下的【卸载程序】功能选项，进入软件卸载页面（图1-21）。

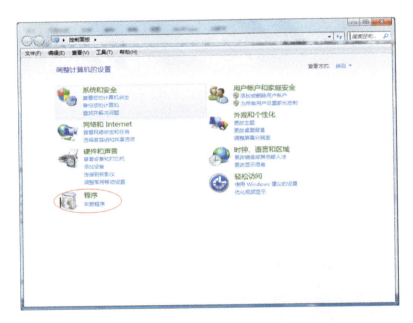

图 1-21　控制面板

03 在软件卸载页面中查找 I-Publish 所在的软件条目，然后左键单击选中（图1-22）。

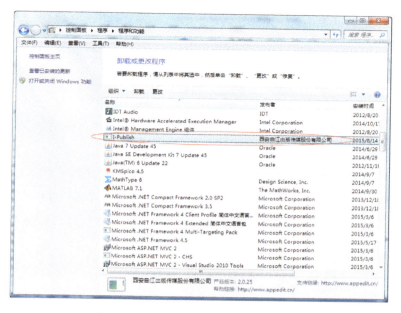

图 1-22　控制面板中的软件卸载页面

04 在选中的 I-Publish 条目上右击，然后在弹出的右键菜单中选择【卸载】选项（图 1-23）。

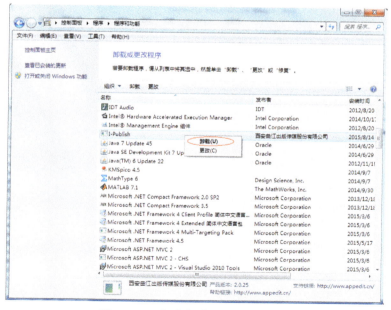

图 1-23　软件卸载页面右键菜单

05 在弹出的对话框中单击【是】按钮，确认卸载软件（图 1–24）。

图 1–24　卸载确认界面

06 卸载进度条（图 1–25）完成后，单击【完成】按钮，完成软件的卸载（图 1–26）。

图 1–25　卸载进行

图 1–26　卸载完成

2. 软件的修复

当用户的软件出现问题时，可以通过重新单击安装文件的方式进行软件修复。

01 双击安装文件，会弹出修复界面（图1-27）。

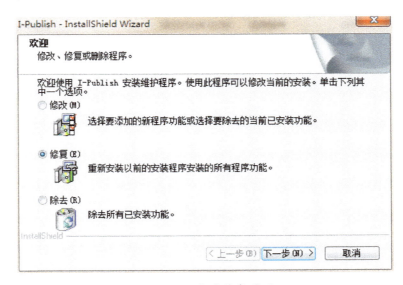

图 1-27　软件修复界面

02 选择【修复】➡【下一步】。

03 系统开始修复（图1-28）。

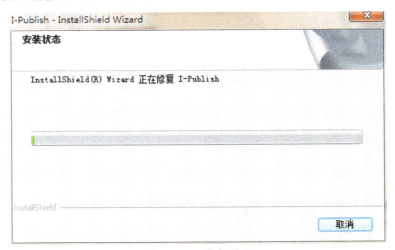

图 1-28　修复过程

04 当修复完成后弹出完成对话框，单击【完成】按钮来完成软件修复（图1-29）。

图1-29 完成修复

3. 软件的升级

用户在使用I-Publish的过程中，西安曲江出版传媒股份有限公司也会不断对其进行维护，比如增加新的功能、修复已知的故障等。当开发出软件的新版本时，用户可以通过软件更新的方式对软件功能进行升级。默认情况下，I-Publish有新更新包时只要联网运行该软件，软件就会自动更新。当然用户也可以手动进行I-Publish软件的更新，其步骤如下：

01 找到系统软件的安装目录，方法与"软件卸载"小节中介绍的一样，在I-Publish的快捷方式上单击【右键】→【属性】，弹出I-Publish属性框（图1-30）。

02 进入安装目录，本例中为"E:\Program Files\EBook"。

图1-30 属性框查看快捷方式地址

03 在该目录下找到 AutoUpdata.exe 文件（图 1-31）。

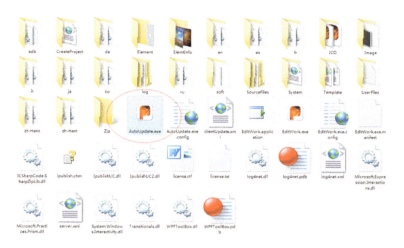

图 1-31　AutoUpdate.exe 示意图

04 双击该文件，进入自动更新状态（图 1-32）。

图 1-32　自动更新界面

05 当更新完成后，会显示更新成功。

1.3　启动和退出 I-Publish

1.3.1　启动 I-Publish

用户在安装完成 I-Publish 之后，可以有两种方式启动软件。

01　如果用户在安装过程中，建立了桌面快捷方式，可以直接通过双击快捷方式启动软件（图 1-33）。

02　如果用户在安装过程中，未建立桌面快捷方式，可以通过左键依次单击【开始菜单】→【所有程序】→【西安曲江出版传媒股份有限公司】→【I-Publish】→【I-Publish】条目启动软件（图 1-34）。

图 1-33　从桌面快捷方式启动
　　　　　I-Publish

图 1-34　从程序列表中启动 I-Publish

1.3.2 退出 I-Publish

当用户完成了电子书的编辑后想要退出 I-Publish 软件系统时，只需要单击软件右上角的退出按钮【X】即可（图 1-35）。

图 1-35　最小化、最大化和退出按钮

当单击【X】按钮之后，系统会立即退出。因此建议用户在编辑电子书的过程中养成随时保存的工作习惯，以免前功尽弃。

1.4　I-Publish 界面介绍

I-Publish 给使用者提供了丰富友好的用户界面（User Interface，简称 UI）。I-Publish 的用户界面主要包括菜单栏、工具栏、视图区、工作区、面板栏和状态栏六个部分，下面将对它们进行简单的介绍，详细内容请参考第 2 章。

1.4.1 菜单栏

菜单栏是将程序可以执行的命令分类组织在一起而显示出来的一组界面。一般使用鼠

标左键来操作菜单栏，通常也可以使用设定好的快捷键来操作菜单栏。操作菜单栏的快捷键通常是组合按键，即【Ctrl+ 英文字母】或者【Alt+ 英文字母】，而且搭配的英文字母一般都在菜单项的右边进行了提示，比如文件菜单项是【文件（F）】，那么操作文件菜单项的快捷键一般是【Ctrl+F】或者【Alt+F】。在 I–Publish 软件系统中，调用某个菜单的快捷键是【Alt+ 英文字母】；而具体使用菜单中某个菜单项的快捷键为【Ctrl+ 英文字母】。如 I–Publish 的打开【文件】菜单的快捷键为【Alt+F】，而其保存菜单项的快捷键为【Ctrl+S】。

知 识 窗

菜单栏

菜单栏是按照程序功能分组排列的按钮集合，在标题栏下方的水平栏。它实际是一种树型组织的结构，为软件的大多数功能提供功能入口。菜单栏中的按钮被单击以后，即可显示出菜单项。应用程序能使用的所有命令几乎都能放入菜单栏，它们的重要程度一般是从左往右递减，即越往右重要度越低。

I–Publish 的菜单栏如图 1–36 所示，从左到右依次是【文件】、【编辑】、【插入】、【交互】、【模板】、【切换】、【特效】、【组件】和【帮助】。

图 1–36　I–Publish 菜单栏

其中【文件】菜单提供了以下功能：项目的新建、打开、保存、另存、发布以及查看最近编辑的项目。【文件】菜单与其他的菜单项不同，它拥有自己独立的界面。单击【文件】菜单项后软件的整体界面如图 1–37 所示。

选择【编辑】、【插入】、【交互】、【模板】、【切换】、【特效】和【组件】菜单项会相应地改变 I–Publish 的工具栏，但是它们不会影响到整个软件的界面结构。以选择【编辑】菜单项为例，其对应的软件界面如图 1–38 所示。

【帮助】菜单没有子菜单。单击【帮助】菜单将会直接打开 I–Publish 的帮助文档。

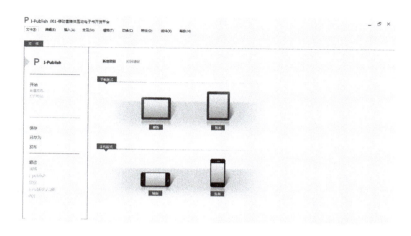

图 1-37　选择【文件】菜单后的软件界面

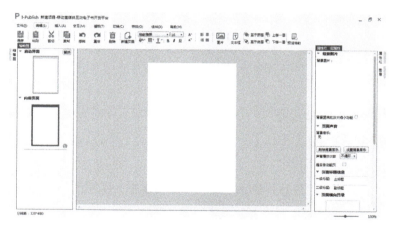

图 1-38　选择【编辑】菜单后的软件界面

1.4.2 工具栏

　　工具栏的英文名为Toolbar，它是软件中综合了各种工具，让用户方便使用的一个区域。使用工具栏丰富了软件界面的图片元素，让软件界面看起来更加美观；同时工具栏中的图

片按钮可以直观地体现该按钮的功能，使用户不用去检索菜单项下拉框中的纯文本信息，因而大大提高了工作效率。

知 识 窗

工具栏

通常每个软件都会有一个工具栏，且与软件框架窗口的顶部对齐。工具栏中存放了很多位图式的按钮，这些位图式的按钮用来执行某个具体的命令。一般来说，无论是菜单栏中的按钮，还是工具栏中的按钮，它们在系统中都对应着一个对象的 ID 号，如果某个菜单项具有和工具栏按钮相同的 ID，那么按工具栏中按钮相当于选择菜单项，即使用工具栏按钮将会调用映射到该菜单项的同一个处理程序。

I-Publish 的工具栏位于菜单栏的正下方，I-Publish 工具栏的内容会随着用户选择【编辑】、【插入】、【交互】、【模板】、【切换】、【特效】和【组件】这 7 个菜单项而改变。

当用户选择【编辑】菜单项时，工具栏提供了保存、粘贴、剪切、复制、撤销、重做、删除、新建页面、字体属性设置、插入图片、插入文本框、图层的设置和预览效果等工具。I-Publish 的【编辑】菜单对应的工具栏如图 1-39 所示。

图 1-39　编辑菜单的工具栏

当用户选择【插入】菜单项时，工具栏提供了新建页、插入图片、插入音频、插入视频、插入 LBS 定位、插入内嵌浏览器、插入 360 度图片、插入帧动画、插入文本框、插入图片轮换、插入按钮和设置背景图片等工具。I-Publish 的【插入】菜单项对应的工具栏如图 1-40 所示。

当用户选择【交互】菜单项时，工具栏提供了为页面元素添加用户响应的系列工具。

由于不同的页面元素能够响应的用户操作不同，因此该工具栏中内容是动态变化的。I-Publish 的【交互】菜单项初始化时的工具栏如图1-41所示。

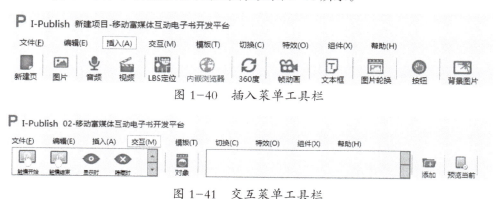

图1-40　插入菜单工具栏

图1-41　交互菜单工具栏

当用户选择【模板】菜单项时，工具栏提供了导入模板、管理模板、功能设置、iPhone横版、iPhone竖版、iPad横版、iPad竖版、Android横版和Android竖版等工具。I-Publish 的【模板】菜单项对应的工具栏如图1-42所示。

图1-42　模板菜单工具栏

当用户选择【切换】菜单项时，工具栏提供了预览、书页翻页、立体翻页、缩放翻页、平移翻页、反向翻页和背景音乐等工具，主要是用来设置电子书的页面切换效果。I-Publish 的【切换】菜单项对应的工具栏如图1-43所示。

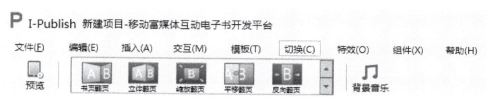

图1-43　切换菜单工具栏

当用户选择【特效】菜单项时，工具栏主要提供了用来设置页面元素的进入、强调和退出等效果的工具。I-Publish 的【特效】菜单项对应的工具栏如图1-44所示。

图 1-44　特效菜单工具栏

当用户选择【组件】菜单项时，工具栏提供了 3D 旋转效果、弹出效果、渐变展示效果、平移移动效果、水平划动效果、上方拉出效果、下方拉出效果、右方拉出效果、左方拉出效果和多张效果等工具，它们用于修改多张图片的组合显示效果。I-Publish 的【组件】菜单项对应的工具栏如图 1-45 所示。

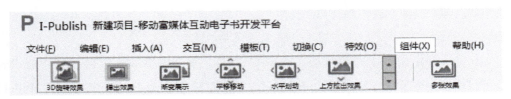

图 1-45　组件菜单工具栏

当用户选择【帮助】菜单项时，系统会直接弹出 I-Publish 帮助文档，在帮助文档中可以查看到软件的全部功能帮助信息以及软件的安装使用详细说明。

1.4.3 视图区

I-Publish 的视图区位于整个软件界面的左侧。在 I-Publish 的视图区可以查看整个项目的页面缩略图，方便用户快速查看页面、快速定位页面以及通过鼠标右键调出即时菜单来进行页面的创建、复制、粘贴和删除等操作；用户也可以在视图区修改电子书的启动界面。单击侧边的【缩略图】按钮可以打开或关闭 I-Publish 的视图区，其对应的软件界面分别如图 1-46 和图 1-47 所示。

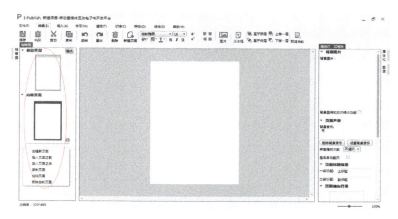

图 1-46　视图区打开后的界面

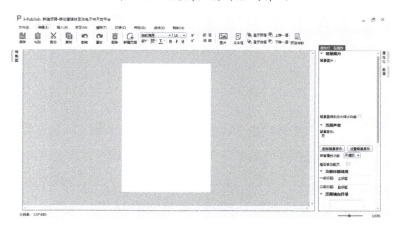

图 1-47　视图区关闭后的界面

1.4.4　工作区

  I-Publish 的工作区位于整个软件界面的中央，如图 1-48 所示。在 I-Publish 的工作区展示了用户当前编辑页面上的所有元素以及它们的分布情况。用户也可以在工作区通过鼠标右键调出即时菜单，在即时菜单中可以快速地进行控件的编辑、添加图片、添加声音和添加视频等操作。

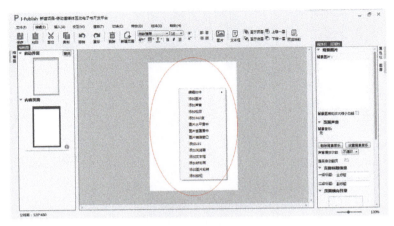

图 1-48　工作区

1.4.5　面板栏

　　I-Publish 的面板栏包含【属性栏】和【图层】两个子面板。其中，【属性栏】用来显示和设置页面或页面中所选控件的具体属性。而【图层】则可以查看到当前页面所有元素所属图层的情况。单击侧边的【属性栏】和【图层】按钮可以打开或关闭相关子面板，其对应的软件界面分别如图 1-49 和图 1-50 所示。从图 1-49 中可以看出当前页面的属性主要包括：页面的背景图片、页面的背景音乐、页面的缩略目录图和页面的切换效果等。

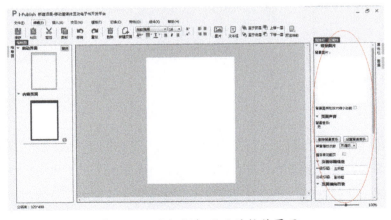

图 1-49　面板栏打开后的软件界面

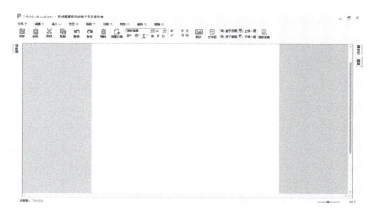

图 1-50　面板栏关闭后的软件界面

属性栏

图 1-51　关闭子栏目效果

　　一般是由多个子栏目组成的，其中每个子栏目左侧的【▼】按钮可以用来打开或关闭该子栏目，默认情况下各个子栏目都处于打开状态。单击【▼】按钮，按钮变成【▶】状态，此时会关闭该子栏目；再次单击【▶】按钮，按钮变成【▼】状态，此时会再次打开该栏目。子栏目关闭后的效果如图 1-51 所示。

1.4.6　状态栏

　　I-Publish 的状态栏位于整个软件界面的最下方，如图 1-52 所示。几乎每一个软件都有自己的状态栏，状态栏大多用于展示软件的当前状态和一些运行时的信息。I-Publish 的状态栏主要有两个功能：分辨率和缩放。其中【分辨率】栏的作用是显示用户当前编辑的电子书的分辨率；【缩放】栏用于查看和修改工作区的缩放比例（默认是 100%）。

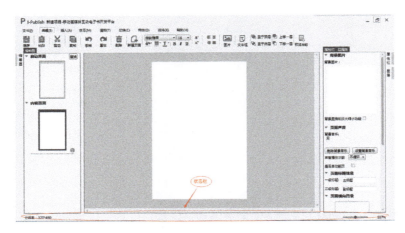

图 1-52　状态栏

通过状态栏可以很方便地查看电子书页面的分辨率，这对于用户来说是很有用的。比如当用户为电子书添加启动界面时，启动界面的图片的分辨率必须调整为和电子书的分辨率一致才能添加成功，这时就需要通过状态栏获得电子书页面的分辨率并以此来调整图片。

如果用户需要调整工作区的大小，可以通过以下两种方式：

（1）左键单击缩放条上的小圆点，按住不放，左右拖动来缩小或放大工作区，缩放条右边实时地显示当前的缩放比例，如图 1-53 所示。

图 1-53　拖动圆点放大缩小

（2）通过不断地单击缩放条小圆点的右侧标尺来逐渐放大工作区，单击小圆点的左侧标尺来逐渐缩小工作区，如图 1-54 所示。

图 1-54　单击标尺放大缩小

第 2 章　I-Publish 功能指南

2.1 【文件】菜单

【文件】菜单栏是 I-Publish 软件最基本的功能模块，它提供了项目文件的基本操作，只有在新建或打开项目后才能使用其他功能模块对项目文件进一步地编辑。使用 I-Publish 软件提供的【文件】菜单可以完成像新建项目、打开项目、保存项目、另存项目、发布项目等一系列操作以及查看最近编辑过的项目。快捷键【Alt + F】。

2.1.1 新建项目

1. 新建一个空白项目

新建一个项目是使用 I-Publish 软件进行电子书制作的基础。通过【文件】菜单命令可以在软件的操作界面中新建一个空白的文档，文档的版式、宽度、高度等属性需要用户根据自身需求进行设定（图 2-1）。新建项目的步骤如下：

01 选择【文件】菜单项或使用快捷键【Alt+ F】。

02 单击【新建项目】按钮。

03 根据需求选择适合的版式、屏幕方向、操作系统（如 Android 或 iOS）以及分辨率（即电子书的宽和高）。

04 单击【确定】按钮完成新项目的创建。

在创建新项目的过程中，需要对电子书的版

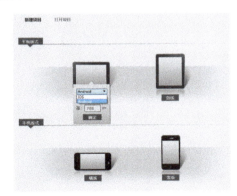

图 2-1　新建项目

式、屏幕方向、操作系统及分辨率进行设置。

2. 版式的选择

为了满足广大用户对不同机型开发电子书产品的需求，I-Publish2.0 为用户提供了平板版式和手机版式。如果想发布平板平台的 App 电子书，建议用户选择平板版式；如果想要发布手机平台的 App 电子书，则建议用户选择手机版式。平板版式发布的 App 电子书可以在相同系统的手机上阅读，同理，手机版式发布的 App 也可以在相同系统的平板上安装阅读，但其页面的显示效果可能会受到一定的影响。

3. 屏幕方向的选择

不同的用户阅读习惯不同，对阅读时的屏幕方向有着不同的喜好，本软件支持横版和竖版。如果选择横版，那么电子书发布后安装到设备上运行时默认屏幕方向为横向；如果选择竖版，则默认屏幕方向为竖向。一般来说，横版排版较为紧密；而竖版排版较为宽松。

4. 操作系统的选择

目前 I-Publish2.0 支持主流的 iOS 和 Android 操作系统，以后根据用户需要会支持更多的操作系统，如 Windows10 系统等。

用户在确定好了使用横版或竖版后，单击【横版】或【竖版】按钮后会弹出选项框，在下拉列表中单击可选择电子书对应的操作系统，默认是 iOS 系统。

知 识 窗

Android

Android 是一种基于 Linux 的自由及开放源代码的操作系统，主要用于移动设备，如智能手机和平板电脑，由谷歌 (Google) 公司和开放手机联盟领导及开发。

iOS

iOS 是由苹果公司开发的移动操作系统，基于 UNIX 操作系统研发。最初为 iPhone 设计，后来陆续应用到 iPod touch、iPad 等产品上。

5. 分辨率的设置

本软件对于分辨率的支持十分开放，用户可以按需自由地设置电子书的宽和高，分辨率设置的单位是像素（px）。

01 平板版式。横版的宽和高默认是 1024px 和 768px；竖版的宽和高默认是 768px 和 1024px，如图 2-2 所示。

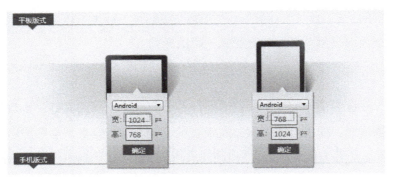

图 2-2　平板版式

02 手机版式。横版的宽和高默认是 480px 和 320px；竖版的宽和高默认是 320px 和 480px，如图 2-3 所示。

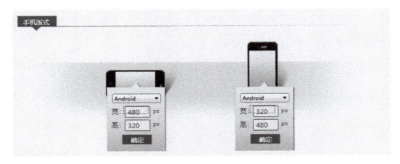

图 2-3　手机版式

03 如要修改电子书的分辨率，只需修改宽和高文本框中对应的数值，然后单击【确定】按钮，即可完成分辨率的修改。

特 别 提 示

在设计电子书的过程中，用户应根据自己设定的主流分辨率来设置电子书的分辨率，I-Publish 支持根据不同的分辨率自适应地进行调整页面并以居中的方式显示。但由于 iOS 版本电子书的特殊性，其分辨率是不能修改的！

知 识 窗

分辨率

分辨率是屏幕中图像的精密度，简单说就是显示器所能显示的像素有多少。由于屏幕上的点、线和面都是由像素组成的，显示器可显示的像素越多，画面就越精细，屏幕区域内能显示的信息也就越多。

2.1.2 打开项目

使用 I-Publish 处理电子书之前，如果希望基于已有的项目来进行开发，则需要使用"打开项目"，它能够有效地提高电子书的开发效率。

1. 查看项目

01 单击【文件】菜单项。

02 单击【打开项目】按钮。

03 在项目清单中可以查看已有项目的项目名称、创建时间、屏幕方向和屏幕尺寸等信息，如图 2-4 所示。

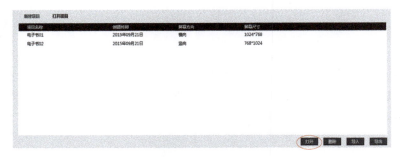

图 2-4　打开项目

2. 打开项目

01 单击【文件】菜单项。

02 单击【打开项目】按钮。

03 单击左键选中一个已存在项目。

04 单击【打开】按钮可打开该项目；或者直接双击该条目打开项目。

3. 删除项目

01 单击【文件】菜单项。

02 单击【打开项目】按钮。

03 单击左键选中一个已存在项目。

04 单击【删除】按钮，即可删除该项目。

特 别 提 示

使用删除项目功能时切记谨慎，因为删除操作是永久性的，不可还原。

4. 导入项目

01 在"打开项目"子面板，单击【导入】按钮，如图 2-5 所示。

图 2-5　导入项目

02 在弹出的"打开"文件窗口中选择 *.Project 项目文件。

特 别 提 示

导入的项目只支持本软件生成的 *.Project 文件类型，其他类型的文件或是其他软件生成的 *.Project 文件都是无法导入的。

03 单击【打开】按钮导入项目，如图 2-6 所示。

图 2-6　项目文件选择对话框

04 成功导入项目后会弹出【导入项目成功】提示对话框，单击【确定】按钮完成项目的导入。

特 别 提 示

如果导入的项目已经存在于系统中，则会弹出提示框，提示用户是否覆盖原项目，单击【确定】按钮会覆盖同名的项目，单击【取消】按钮则可放弃导入。

5. 导出项目

01 在【打开项目】子面板，单击左键选中一个已有的项目，如"电子书02"。

02 单击【导出】按钮，如图2-7所示。

图2-7　导出项目

03 在弹出的【另存为】对话窗中选择导出路径，并键入文件名。

04 单击【保存】按钮，将项目以"文件名.Project"的文件保存在本地硬盘中，如图2-8所示。

图 2-8　文件导出对话框

05 保存成功后会弹出"导出项目成功！"提示框，单击【确定】按钮即可完成项目的导出，如图 2-9 所示。

图 2-9　导出项目成功

2.1.3　保存

使用 I-Publish 编辑项目的过程中，应经常对项目进行保存操作。项目保存后将以文件形式永久存放在系统磁盘里，这样可以防止意外断电或系统崩溃等原因导致的项目内容遗失。

1. 对于新建的项目，保存项目的步骤如下：

01 单击【文件】菜单项。

02 选择【保存】选项。

03 在弹出的输入对话框中键入文件名，然后单击【确定】按钮保存项目。

04 保存成功后，系统会弹出"项目保存成功！"的提示框，此时，单击【确定】按钮即可完成当前项目的保存，如图 2-10 所示。

图 2-10　保存一个新项目

2. 对于已保存过的项目，编辑后再次保存该项目的步骤如下：

01 单击【文件】菜单项。

02 选择【保存】选项。

03 保存成功后，系统弹出"项目保存成功！"的提示框，此时，单击【确定】按钮即可完成当前项目的保存，如图 2-11 所示。

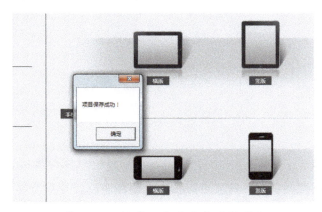

图 2-11　保存一个已存盘过的项目

2.1.4 另存为

如果用户希望将当前项目以另一个名称保存到系统磁盘里，可以通过【另存为】的方式来保存当前项目的副本。

01 单击【文件】菜单项。

02 选择【另存为】选项。

03 在弹出的输入对话框中键入文件名，单击【确定】按钮另存项目。

04 如另存成功，则会弹出"项目保存成功！"的提示框，单击【确定】按钮即可完成项目的另存，如图 2-12 所示。

图 2-12　另存为项目

2.1.5 最近

当项目列表中的电子书项目比较多时，如果用户希望通过项目列表去打开某个最新编辑过的项目，可能需要花费很长的时间来寻找这个项目。在这种情况下，【最近】功能则可以使该问题迎刃而解。【最近】列表中可以显示最多 10 个用户最近编辑过的电子书项目，而且如果某个项目是最新被用户编辑过的，则会在列表的第一条上显示。此时，用户只需

单击该条目，就可以立刻打开该项目。

01 单击【文件】菜单项。

02 在【最近】栏下可以让用户很方便地查看和打开最近编辑并保存过的项目，节省用户检索的时间，如图 2-13 所示。

图 2-13　最近列表

2.1.6 发布

发布项目是用户开发电子书最后的环节，通过【发布】功能，不仅能够生成可以独立安装运行的 Android 版和 iOS 版电子书应用 App，还能打包生成 Android 和 iOS 书架版电子书对应的单本电子书数据包。这些电子书数据包上传到书架版专用电子图书服务器上后，就可以通过用户手机上的 I-Publish 书架 App 来下载和阅读了。

01 单击【文件】菜单项。

02 单击【发布】进入发布项目子面板，如图 2-14 所示。

图 2-14 发布项目子面板

1. Android 版电子书

该功能可以让用户生成在 Android 系统上独立安装运行的电子书应用 App。

01 单击图标【生成 Android 文件】，并单击【确定】按钮弹出打包 Android 版电子书的子界面，如图 2-15 所示。

图 2-15 打包 Android 版电子书

02 在【应用程序名】右侧的输入框中键入电子书应用的程序名称，如【我的 Android 电子书】，然后在【唯一标示符】右侧的输入框中键入该电子书应用的唯一标示符，这里使用默认的标示符【com.ipublish.editwork】。

知 识 窗

唯一标示符

Android 系统中的唯一标示符不是应用程序的名字，而是 manifest 文件包的包名，用于在 Android 系统中唯一标示某个应用程序。也就是说，手机桌面上可以有两个同名 App，但是它们的唯一标示符不同，手机系统会把它们当成两个 App。

03 单击【选择图片】按钮，设置电子书应用程序的图标图片。

特 别 提 示

目前 Android 电子书程序图标仅支持大小为 72*72 像素的 PNG 格式图片。

04 单击【确定】按钮。

05 在弹出的文件保存对话框中，选择合适的文件路径并键入文件名，如"电子书 01"（图 2-16）。

06 单击【保存】按钮，"电子书 01.apk"就生成了，该文件可以在 Android 系统中安装运行。

2. Android 版书架电子书数据包

该功能可以让用户生成与 Android 书架版电子书对应的单本电子书数据包。这些数据包上传到书架版专用电子图书服务器上后，用户就可以通过手机上的 I-Publish 书架应用

App 来下载和阅读该电子书了。

01 单击图标【书架数据包】，并单击【确定】按钮。

02 在弹出的文件另存为对话框中，选择合适的文件路径，然后键入该电子书数据包的文件名，如"我的 android 电子书"（图 2-17）。

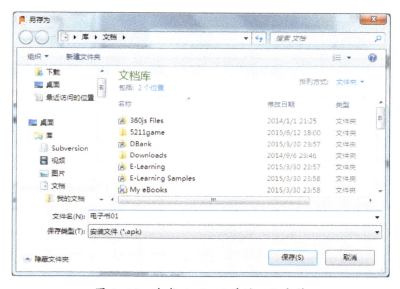

图 2-16　生成 Android 系统 apk 文件

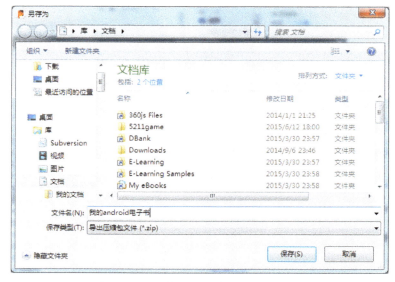

图 2-17　生成 zip 格式电子书数据包

03 单击【保存】按钮，即可将项目保存为"我的 android 电子书 .zip"文件。

3. iOS 版电子书

该功能可以让用户生成在 iOS 系统上独立安装运行的电子书应用程序。

01 单击图标【生成 iOS 文件】，并单击【确定】按钮，弹出打包 iOS 版电子书的子界面（图 2-18）。

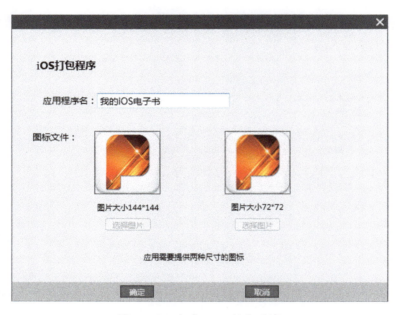

图 2-18　打包 iOS 版电子书

02 在"应用程序名"右侧的文本框中键入电子书应用程序的名称，如"我的 iOS 电子书"。

03 单击【选择图片】按钮，设置 iOS 电子书应用程序的图标图片。

特 别 提 示

iOS 电子书应用程序需要提供两种尺寸的图标，支持大小分别为 144*144 像素和 72*72 像素，且必须为 PNG 格式的图片。

04 单击【确定】按钮。

05 在弹出的文件保存对话框中，选择合适的文件路径并键入文件名，如"电子书02"（图2-19）。

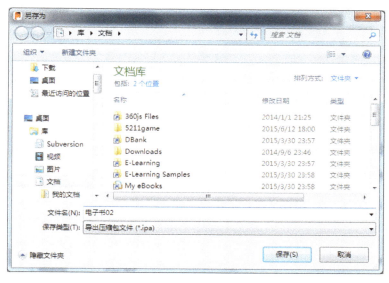

图 2-19　生成 iOS 系统 ipa 文件

06 单击【保存】按钮，"电子书02.ipa"就生成了，该文件可以在 iOS 系统中安装运行。

4. iOS 版书架电子书

该功能可以让用户生成与 iOS 书架版电子书对应的单本电子书数据包。这些数据包上传到书架版专用电子图书服务器上后，用户就可以通过手机上的 I-Publish 书架应用程序来下载和阅读该电子书了。

01 单击图标【书架版数据包】，并单击【确定】按钮。

02 在弹出的文件保存对话框中，选择合适的文件路径，然后键入该电子书数据包的文件名，如"我的 ios 电子书"（图2-20）。

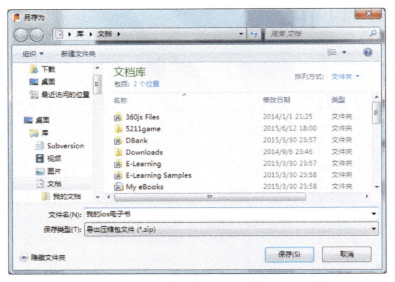

图 2-20　生成 zip 格式电子书数据包

03 单击【保存】按钮，即可将项目保存为"我的 ios 电子书 .zip"文件。

知 识 窗

苹果 App 的发布

生成的苹果 App 目前只能通过第三方软件（如同步推、91 助手等）安装在越狱版的苹果设备上。如果用户需要安装在非越狱版的苹果设备上或是想让别人下载安装，则需要将生成的 App 电子书应用发布到苹果的应用商店。发布 App 前需要去苹果的官方开发者平台进行一系列的设置，相关链接如下：

https://developer.apple.com/devcenter/iOS/index.action

2.2 【编辑】菜单

　　用户在新建或打开了一个项目后，就可以使用【编辑】菜单中的相关功能对项目内容进行修改和完善。【编辑】菜单包括了 I-Publish 软件在制作电子书过程中必需的最基本的操作。使用 I-Publish 软件提供的【编辑】菜单中的命令对电子书进行适当的处理，编辑出需要的一些效果。它可以实现常用的页面的创建、复制、粘贴和删除，页面内容的复制、粘贴、剪切、撤销、重做和删除，页面字体属性的设置，插入图片和文本，图层的设置和预览效果，以及项目的保存等操作。通过这些简单的操作可以使电子书的制作过程更加方便，使电子书的内容更加丰富多彩。调用【编辑】菜单的快捷键【Alt + E】。

　　在新建一个项目后，默认进入【编辑】页面，如图 2-21 所示。在工作区周围有三个公用的功能模块，它们分别是【缩略图】、【属性栏】和【图层】。其中，【缩略图】模块用于打开或关闭视图区，【属性栏】和【图层】模块用于打开或关闭面板栏。

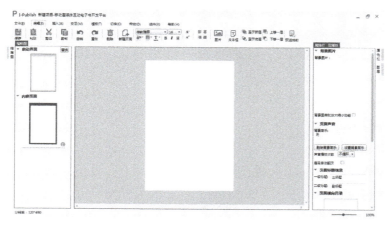

图 2-21　三个功能模块分布

　　单击左侧【缩略图】按钮可以打开或关闭电子书页面的缩略图侧边栏，即视图区。视图区包括【启动界面】和【内容页面】两个模块。其中，【启动界面】模块用于设置电子

书启动界面图片，用户可以通过单击【替换】按钮来给电子书添加或者修改启动界面图片。

特 别 提 示

目前启动界面图片只支持 png 格式。

单击右侧【属性栏】按钮可以打开或关闭属性栏窗口，该窗口位于面板栏。属性栏窗口用于显示和设置页面或页面中所选控件的具体属性。主要包括：页面的背景图片、页面的背景音乐、页面的缩略目录图和页面的切换效果等。如图 2-22 和图 2-23 显示的是当前页面的属性栏窗口和图片控件的属性栏窗口。

单击右侧的【图层】按钮可以打开或关闭页面的图层窗口（图 2-24），它同样位于

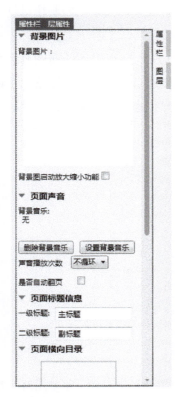

图 2-22　页面【属性栏】　　图 2-23　图片控件【属性栏】　　图 2-24　图层窗口

面板栏。图层窗口可以用来设置或修改当前页面的各个控件之间的相对层次关系，以及控件的隐藏或显示属性。

知 识 窗

图层

通俗地讲，图层就像是含有文字或图形等元素的胶片，一张一张按顺序叠放在一起，组合起来形成页面的最终效果。通过图层窗口可以精确地定位页面上的元素。I-Publish 会为用户创建的每一个对象，比如文本、图片、视频、组件等，单独创建一个图层。

2.2.1　创建新页面

I-Publish 生成的电子书是由多个页面组成的，而每个页面的内容又是由各种文字、图片、声音、视频等控件组织在一起形成的。这些控件都必须创建在页面上才能进行展示，这就需要有足够的页面空间来存放这些控件。因此，页面的创建就成了制作电子书的关键步骤。创建一个页面的方法有以下两种：

1. 方法一

01 单击【编辑】菜单项或者使用快捷键【Alt + E】。

02 单击【新建页面】按钮，如图 2-25 所示。

图 2-25　编辑菜单新建页面

2. 方法二

01 单击【编辑】菜单项或者使用快捷键【Alt + E】。

02 单击【缩略图】按钮，打开页面缩略图侧边栏。

03 在缩略图侧边栏单击鼠标右键，在弹出的即时菜单栏中进行下一步操作，如果 2–26 所示。其中【创建新页面】选项将在当前编辑的项目中新建一个空白页面；【插入 页面之前】新建一个空白页面并且放在当前页面之前；【插入页面之后】新建一个空白页 面并且放在当前页面之后；【复制页面】复制整个当前页面；【粘贴页面】粘贴之前复制 的整个页面；【删除当前页面】删除当前整个页面。

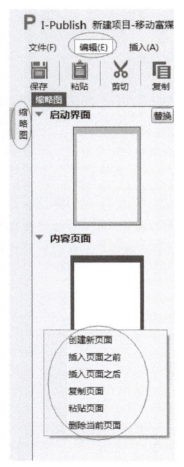

图 2-26 视图区新建页面

知 识 窗

即时菜单

即时菜单又称右键菜单、功能表或者上下文菜单，它与应用程序准备好的层次菜单不同。在菜单栏以外的地方，通过鼠标的右键调出的菜单称为"即时菜单"。根据调出位置的不同，菜单内容即时变化，它列出了所指示的对象可以进行的操作。

2.2.2 复制、粘贴和剪切

【复制】、【粘贴】和【剪切】命令是最常用的三个命令，它们能极大地简化用户制作电子书时的重复性工作，提高用户的工作效率。【复制】命令用于将选中的文字、图片、声音等控件复制到剪切板中，而该控件本身不会有任何变化。【剪切】命令可以将选中的控件复制到剪切板中，同时在当前页面中移除该控件。【粘贴】命令用于将【复制】或【剪切】命令复制到剪切板中的控件取出来并放置到选定的页面上。当然用户也可以使用快捷键【Ctrl+C】代替【复制】命令，使用快捷键【Ctrl+X】代替【剪切】命令，使用快捷键【Ctrl+V】代替【粘贴】命令。

1. 复制

在当前页面中，通过【复制】命令可以把选中的控件进行复制。

01 单击【编辑】菜单项或者使用快捷键【Alt+E】。

02 选中待复制的控件。

03 执行【复制】命令或者【Ctrl+C】复制选中的控件。同时在复制控件后，原来被选中的控件不会受到影响。

04 此时执行【粘贴】命令或者【Ctrl+V】即可将复制的控件粘贴到当前或者新的页面中，粘贴的效果如图2-27所示。

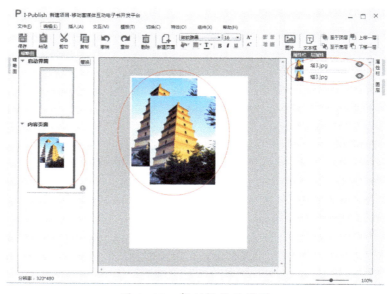

图 2-27 复制控件效果图

2. 剪切

在当前页面中，通过【剪切】命令可以把选中的控件进行剪切。

01 单击【编辑】菜单项或者使用快捷键【Alt+E】。

02 选中待剪切的控件。

03 执行【剪切】命令或者【Ctrl+X】剪切选中的控件。

04 此时执行【粘贴】命令或者【Ctrl+V】即可将复制的控件粘贴到当前或者新的页面，同时原来被选中的控件将被清除。

3. 粘贴

在对控件进行复制或剪切后就可以执行【粘贴】命令或者【Ctrl+V】把控件粘贴至当前或者新的页面中。

4. 右键菜单实现控件的复制、剪切和粘贴

用户也可以通过在选中的控件上单击鼠标右键，在弹出的右键菜单中完成控件的复制、粘贴和剪切操作，如图2-28所示。

01 选择控件。

02 单击鼠标右键。

03 选择【编辑控件】选项。

04 执行【复制控件】、【剪切控件】或【粘贴控件】操作。

图2-28　右键菜单实现控件的复制、剪切和粘贴

2.2.3　保存、撤销和重做

1. 保存

使用【编辑】菜单的【保存】按钮可以随时将用户对项目做出的改动进行保存，以防止添加或修改的内容丢失。用户应该养成良好的习惯，在项目的编辑过程中及时保存项目，以减少不必要的损失。通过执行【编辑】→【保存】命令或者使用快捷键【Ctrl+S】完成项目的保存。对于未保存过的项目会弹出如图 2-29 所示的保存对话框，此时键入文件名称，然后单击【保存】按钮即可保存项目。

对于之前保存过的项目，会弹出保存成功的提示框，此时单击【确定】按钮即可（图2-30）。

图 2-29　项目保存对话框

图 2-30　保存成功提示框

2. 撤销

【撤销】命令可以很方便地取消用户上一次对项目做出的修改。执行【编辑】→【撤销】命令即可实现，也可以使用快捷键【Ctrl+Z】。【撤销】菜单项如图 2-31 所示。

图 2-31　编辑菜单撤销

3. 重做

【重做】命令用于将用户刚撤销的修改恢复重做。执行【编辑】→【重做】命令即

可实现，也可以使用快捷键【Ctrl+Y】。【重做】菜单项如图 2-32 所示。

图 2-32　编辑菜单重做

2.2.4　字体属性的设置

作为一本电子书，文字是它的基础，也是其最多且最重要的组成部分。而字体是文字的书写形式。文字的字体应该按视觉规律设计，应该遵循一定的字体塑造规格和设计原则。对文字加以整体的精心安排，创造性地塑造具有清晰、完美的视觉形象的文字，可以使文字更概括、生动、突出地表达它的精神含义，同时又能使字体本身更具有视觉传达上的美感。I-Publish 为用户提供了字体设置的功能，以便用户能够制作出兼具内容与美感的电子书。当用户插入了一段文本后，就可以使用如图 2-33 所示的字体设置功能模块，它的功能点包括字体类型、字体大小、背景色、边框颜色、文本颜色、加粗、斜体、下划线以及文本的靠左、靠右、居中、两端对齐等。

图 2-33　字体属性设置模块

特　别　提　示

值得用户注意的是，文字的这些属性设置功能将会作用于整个文本框里面的所有文字。如果用户需要设置不同颜色或字体的文字，可以通过插入多个文本框来分别进行设置。

1. 字体类型

I-Publish 提供了多种类型的字体，基本涵盖了我们常见的所有字体供使用者选择，如图 2-34 所示。

01 选中需要设置的文本框，它会变成如图 2-35 所示的选中状态。

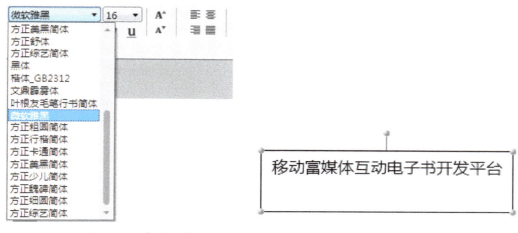

图 2-34　字体选择　　　　　　　　　　图 2-35　文本框

02 单击【编辑】菜单项或者使用快捷键【Alt+E】。

03 单击字体类型下拉框，并在弹出的下拉菜单中选择想要的字体即可。

2. 字体大小

用户可以按照自己的需要改变文本框中文字的大小以适应电子书页面的排版格式。改变文字的大小可以通过下面两种方式。

（1）方法一

01 选中需要调整字体大小的文本。

02 单击【编辑】菜单项或者使用快捷键【Alt+E】。

03 单击字体大小下拉框，并在弹出的下拉菜单中选择需要的代表字体大小的数字即可，这里数字的单位是像素，如图 2-36 所示。

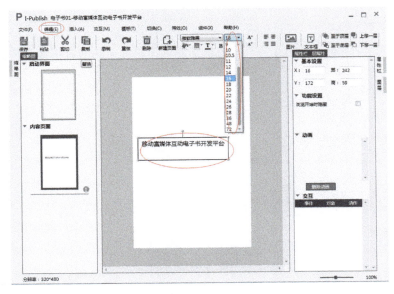

图 2-36　字体大小选择下拉框

（2）方法二

01 选中需要调整字体大小的文本。

02 单击【编辑】菜单项或者使用快捷键【Alt+E】。

03 单击【字体增大】或【字体缩小】按钮，字体将会逐渐变大或者缩小，按钮在如图 2-37 所示的位置。

图 2-37　字体增大和字体缩小

3. 背景色、边框颜色和文本颜色

给文本框及其中的文本添加合适的颜色会把电子书制作得更加绚丽多彩，让阅读者在享受电子书内容的同时，也能享受一场视觉的盛宴。I-Publish 的用户要想修改文本框及其中文本的背景色、边框颜色和文本颜色，可以通过【编辑】菜单项提供的按钮实现，它们在【编辑】菜单项的位置如图 2-38 所示。

图 2-38 色彩设置模块

（1）修改背景颜色

01 选中需要调整背景色的文本框。

02 单击【编辑】菜单项或者使用快捷键【Alt+E】。

03 单击【背景颜色】按钮。

04 在弹出的子界面中选择合适的颜色即可（图 2-39），如这里选择灰蓝色，同时【背景颜色】按钮下面的短线也会变成当前选择的灰蓝色，如图 2-40 所示。

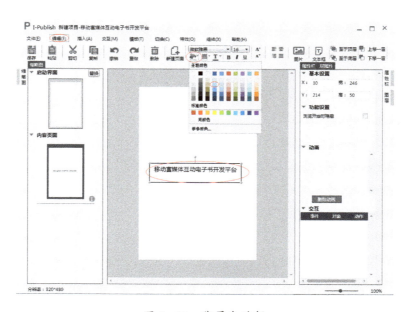

图 2-39 背景色选择

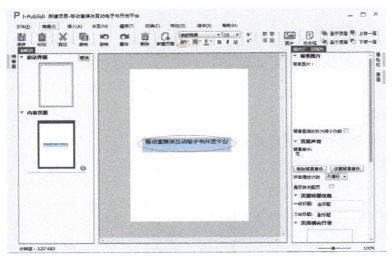

图 2-40　灰蓝色背景文本框

（2）修改边框颜色

01 　选中需要调整边框颜色的文本框。

02 　单击【编辑】菜单项或者使用快捷键【Alt+E】。

03 　单击【边框颜色】按钮。

04 　在弹出的子界面中选择合适的颜色即可（图 2-41），如这里选择深蓝色，同时【边框颜色】按钮下面的短线也会变成当前选择的深蓝色，如图 2-42 所示。

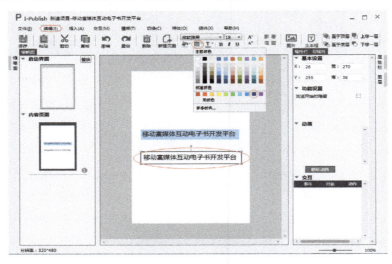

图 2-41　边框颜色选择

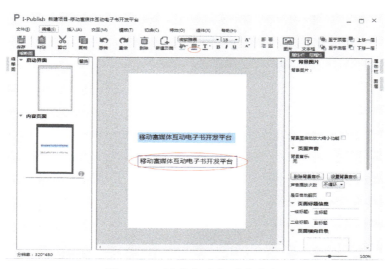

图 2-42　深蓝色边框的文本框

（3）修改文本颜色

01 选中需要调整文本颜色的文本框。

02 单击【编辑】菜单项或者使用快捷键【Alt+E】。

03 单击【文本颜色】按钮。

04 在弹出的子界面中选择合适的颜色即可（图 2-43），如这里选择更深的藏蓝色，同时【文本颜色】按钮下面的短线也会变成当前选择的藏蓝色，如图 2-44 所示。

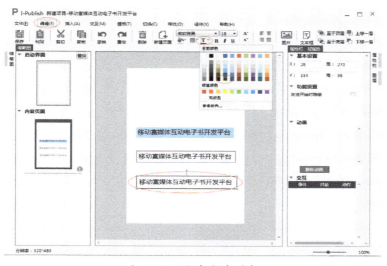

图 2-43　文本颜色选择

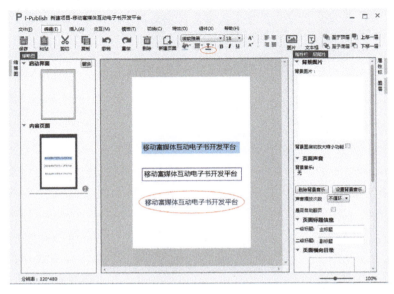

图 2-44　藏蓝色文本

4. 加粗、斜体、下划线

I-Publish 的用户可能需要强调或突出文本框中的某些文字内容，此时就需要使用到加粗、斜体和下划线功能，它们在【编辑】菜单项的位置如图 2-45 所示。

图 2-45　加粗、斜体、下划线设置模块

用户在选中文本框后，单击【编辑】菜单项，然后单击 **B** 按钮实现文本的加粗，再次单击该按钮取消加粗；单击 *I* 按钮实现文本的倾斜，再次单击该按钮取消倾斜；单击 <u>U</u> 按钮给文本加下划线，再次单击该按钮删除下划线。这三个功能点的对比效果如图 2-46 所示。

移动富媒体互动电子书开发平台　　移动富媒体互动电子书开发平台　　移动富媒体互动电子书开发平台

移动富媒体互动电子书开发平台　　*移动富媒体互动电子书开发平台*　　<u>移动富媒体互动电子书开发平台</u>

（a）加粗　　　　　　　（b）斜体　　　　　　　（c）下划线

图 2-46　加粗、斜体、下划线效果

5. 文本靠左、靠右、居中和两端对齐

I-Publish 的用户可能对于文本框中文字的对齐方式有一定的要求，此时就需要使用到文本的靠左、靠右、居中和两端对齐功能，它们在【编辑】菜单项的位置如图 2-47 所示。

图 2-47　文本对齐

用户在选中文本框后，单击【编辑】菜单项或者使用快捷键【Alt+E】，然后单击 ▤ 按钮实现文本居左；单击 ▤ 按钮实现文本的居中；单击 ▤ 按钮实现文本的居右；单击 ▤ 按钮实现文本的两端对齐。这四个功能点的对比效果如图 2-48 所示。

居左：　　　　**移动富媒体互动电子书开发平台**

居中：　　　　　**移动富媒体互动电子书开发平台**

左右：　　　　　　**移动富媒体互动电子书开发平台**

两端对齐：　**移动富媒体互动电子书开发平台**

图 2-48　文本对齐效果

2.2.5 插入图片和文本

用户制作的电子书应该是图文并茂的，图片和文本共同构成电子书的基本内容。I-Publish 能让用户很方便地在页面中插入文本和图片，接着可以对它们进行一些具体的修饰和美化。

1. 插入图片

01 单击【编辑】菜单项或者使用快捷键【Alt+E】。

02 单击 📷 图片 按钮或者单击鼠标右键，在弹出的右键菜单中选择添加图片（图 2-49）。

图 2-49 右键菜单选择添加图片

03 在弹出的文件选择对话框中选择用户需要的图片文件（图 2-50）。

特 别 提 示

目前，I-Publish 的图片控件只支持 jpg 和 png 格式的图片，有关图片格式的知识请查看附录。

图 2-50　添加图片

04 单击【打开】按钮即可将图片添加到当前页面，效果如图 2-51 所示。

图 2-51　图片效果

05 单击图片控件，通过其【属性栏】窗口设置图片控件的属性（图 2-52），如改变图片控件的位置、大小，设置是否在浏览开始时隐藏，替换图片，查看、删除动画以及查看、删除交互事件等。

① 基本设置

基本设置栏中 X、Y 用来设置图片控件左上角到页面左上角的距离，单位是像素；【宽】、【高】用来设置图片控件的大小，单位也是像素。

② 功能设置

功能设置栏中【浏览开始时隐藏】复选框用于控制页面刚被加载时图片是否隐藏，默认情况下不选中，即图片立即显示；【替换图片】按钮用于替换当前的图片。

③ 动画

动画栏中可以查看用户在图片控件上添加的动画效果，具体的添加方法后面章节中会详细介绍，其中【删除动画】按钮可以删除图片控件上的动画效果。

④ 交互

通过交互栏可以查看用户在图片控件上添加的交互事件及其详细内容，包括触发事件、对象和响应动作，也可以通过交互栏删除图片控件上指定的交互事件。交互事件的添加和删除方法在后面的章节中会详细地介绍。

图 2-52　图片控件【属性栏】窗口

06　通过【图层】窗口查看页面图层以及设置图层效果。从图 2-53 中可以看出当前页面中只有一个图层，即之前添加的图片控件，它对应于右侧【图层】窗口中的一项条目。【图层】窗口中每个条目都是由三部分组成的，它们分别是控件缩略图、控件名文本框和一个按钮。单击该条目即可在当前页面中快速选中其对应的图片控件。右侧的 ◉ 按钮可以控制图层的显示或隐藏，默认情况下，图层是被显示的；单击该按钮，按钮会变成 ✕ 状态，此时图层会被隐藏，如图 2-54 所示。

图 2-53　图层窗口（显示效果）

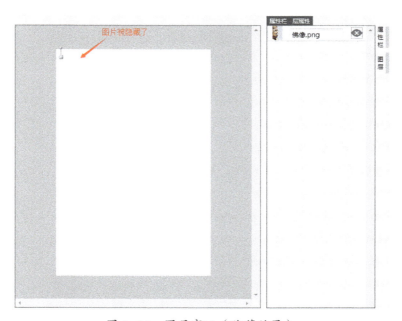

图 2-54　图层窗口（隐藏效果）

2. 插入文本

01 单击【编辑】菜单项或者使用快捷键【Alt+E】。

02 单击 按钮或者单击鼠标右键,在弹出的右键菜单中选择添加文本框(图2–55)。

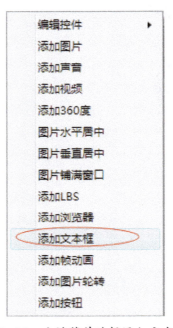

图 2–55　右键菜单选择添加文本框

03 在当前页面中出现一个新建的空白文本框,并且提示用户"双击进行文字内容的编辑"(图 2–56)。

图 2–56　空白文本框

04 双击该文本框,在其中键入文字即可,如"移动富媒体互动电子书开发平台"(图 2–57)。

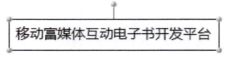

图 2–57　文本框

05 选中文本框控件，用户可以通过鼠标拖曳的方式调整文本框控件的大小和位置；也可以通过其【属性栏】窗口设置文本框控件的属性，如改变文本框控件的位置、大小，设置是否在浏览开始时隐藏，查看、删除动画以及查看、删除交互事件等（图 2-58）。

① 基本设置

基本设置栏中【X】、【Y】用来设置文本框控件左上角到页面左上角的距离，单位是像素；【宽】、【高】用来设置文本框控件的大小，单位也是像素。

② 功能设置

功能设置栏中【浏览开始时隐藏】复选框用于控制页面刚被加载时文本框是否隐藏，默认情况下不选中，即文本框立即显示。

③ 动画

在动画栏中可以查看用户在文本框控件上添加的动画效果，具体的添加方法后面章节中会详细介绍，其中【删除动画】按钮可以删除文本框控件上的动画效果。

④ 交互

通过交互栏可以查看用户在文本框控件上添加的交互事件及其详细内容，包括触发事件、对象和响应动作，

图 2-58　文本框控件【属性栏】窗口

也可以通过交互栏删除文本框控件上指定的交互事件。交互事件的添加和删除方法在后面的章节中会详细地介绍。

06 通过【图层】窗口查看页面图层以及设置图层效果。从图 2-59 中可以看出当前页面中有两个图层、一个图片控件和一个文本框控件，它们分别对应于右侧图层窗口中的一项条目。单击某个条目即可在当前页面中快速选中其对应的控件。右侧的 ◉ 按钮可以控制图层的显示或隐藏，默认情况下，图层是被显示的；单击该按钮，按钮会变成 ⊗ 状态，此时图层会被隐藏，如图 2-60 所示。

图 2-59　图层窗口（显示效果）

图 2-60　图层窗口（隐藏效果）

07 最后用户也可以参考本章 2.2.4 节对文本框进行字体属性的相关设置。

2.2.6 图层的设置

图层设置可以简单地理解为当页面中的一个控件覆盖了另一个控件的全部或者部分，把一个控件放在上面，把另一个放在下面。当一个页面中的控件很多时，这将是用户必须考虑的一个问题，它会直接影响到页面的内容能否展示以及页面效果的美观与否。图层设置功能模块提供了【置于顶层】、【置于底层】、【上移一层】和【下移一层】四个按钮，它们对应四个功能点，它们在【插入】菜单项的位置如图 2-61 所示。

图 2-61 图层设置模块

图层设置举例

如图 2-62 所示，页面中有三个控件、两个文本框和一幅图片，此时两个文本框都位于图片上层；也可以说文本框位于顶层，图片位于底层（图 2-63）。

图 2-62 文本框位于图片上层　　　图 2-63 文本框位于图片下层

如果用户将其中一个文本框下移一层或者置于底层，页面的显示效果如图 2-63 所示，可以看到该文本框好像"消失了"。其实文本框仍然存在于页面上，只是它位于图片控件的下一层，被图片挡住了，直接影响到文本框的编辑效果。因此，合理地设置图层对于用户来说是十分重要的。

2.2.7 预览效果

为了方便用户能够随时观看当前编辑的电子书的显示效果，I-Publish 提供了【预览当前】按钮。如果用户对其显示效果有不满意的地方，也可以在发布电子书之前及时地进行修改，这样就能够极大地提高工作效率。

01 单击【编辑】菜单项或者使用快捷键【Alt+E】。

02 单击【预览当前】按钮，跳出电子书编辑模式，此时用户无法进行任何电子书的修改操作。

特 别 提 示

I-Publish 软件运行过程中可以处于两种模式：编辑模式和预览模式。在编辑模式可以对项目进行编辑、修改；在预览模式只能进行电子书内容的观看，无法编辑。

03 在预览窗口通过单击【上一页】或【下一页】观看电子书的内容（图 2-64）。

图 2-64　预览效果图

2.2.8　小结

　　一般来说，电子书最主要的内容都是通过一些文字和图片表现出来的。因此，在学会了插入图片和文本后，用户就可以制作简单的电子书了。下面简单讲解如何设计一个优秀的页面来展示文字和图片信息。

1. 如何更好地展示文字信息

　　如果页面的内容需要通过大量的叙述性文字信息来传达，那么用户可以从下面的几个角度来考虑。

　　（1）文本框字体属性

　　文本框是专门用来处理文字信息的控件，而且它能够对包含在其中的文字进行字体大小、颜色等属性的详细设置。如果用户仅仅用文本框来"装载"文字信息，而不利用文本框控件进行字体属性的设置，那么正文内容将会失去吸引力。如图 2-65 所示，该页面只有一个文本框，且没有进行任何其他的设置。

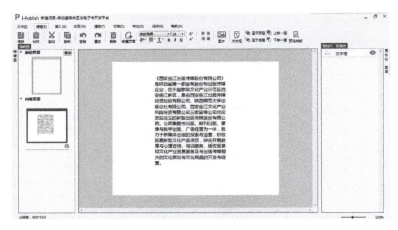

图 2-65　单调的文字信息

　　然而，合理地搭配不同文本框的字体、大小、颜色以及对齐方式，不仅能够突出重要的文字信息，而且能够以美观的视觉印象吸引读者的眼球。如图 2-66 所示，该页面包含了四个文本框，不同的文本框中文字的字体属性不同。

图 2-66　多彩的文字信息

（2）添加相关的背景图片和背景音乐

　　文字能够传达的信息十分具体，因而很难唤起读者视觉以及听觉上的共鸣。为页面添加与文字信息相关的背景图片以及主题音乐，不仅能够进一步强化文字信息，而且能够给读者更大的想象空间来引导读者思考。如图 2-67 所示，该页面中包含了四个文本框、一幅背景图片和一个声音文件。由于页面上的文本信息是介绍西安曲江出版传媒股份有限公司的，因此背景图片可以选择公司的大厦，背景音乐可以选择具有人文气息的轻音乐，或者关于公司的介绍音频。背景图片和背景音乐的具体添加过程请参考 2.3.7 小节和 2.6.2 小节。

图 2-67 有背景图片和声音配合文字来传递信息

（3）用个性的文字图片替换文本框中的文字

利用第三方的图片处理工具（如画图、Photoshop 等）将部分文字信息嵌入到图片中，让文字变成多姿多彩的图片，从而让页面更富有个性。对比图 2-68 和图 2-69，图 2-68 中的页面由两个文本框组成，图 2-69 中的页面由一个文本框和五张数字图片组成。显然，图 2-69 所示的页面更具有吸引力。

知 识 窗

图片处理工具

常见的图片处理工具包括画图、Photoshop、CorelDRAW、美图秀秀等。在进行电子书的设计时，应先用图片处理软件把需要的素材准备好。

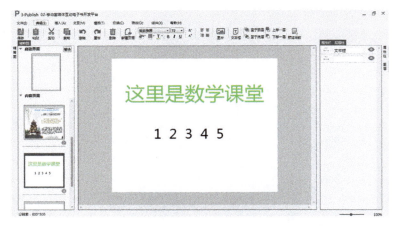

图 2-68　简单的文本文字信息

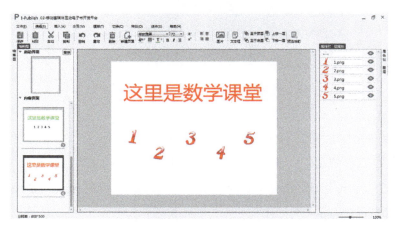

图 2-69　生动的图片文字信息

（4）良好的页面布局

只要页面中有多个元素，用户就必须关注页面的布局。好的页面布局不仅让页面内容显而易见，具有不错的层次感；而且让页面浑然一体，看起来十分舒适。图 2-70 所示的是一个较差的页面布局，不仅页面中的文本框遮挡住了背景图片中的景色，而且文本框之间也存在相互重叠的情况。对于这样布局较差的页面，读者是无法很好地获取页面信息的。图层的具体设置方法及其效果请参考 2.2.6 小节。

图 2-70　不合理的页面布局

2. 如何更好地展示图片信息

图片蕴涵了丰富的信息，具有极强的表现力和视觉冲击力。如果页面内容以传递图片信息为主，那么 I-Publish 的用户可以从下面的几个角度来考虑。

（1）图片的基本设置

图片的基本设置包括图片的坐标和宽高，用户可以通过拖曳的方式来修改图片的基本设置，也可以通过属性栏手动输入数字进行修改。页面中的图片必须大小合适且放在合适的位置才能拥有较好的传递信息的能力。如图 2-71 所示，该页面只添加了一张图片，但是图片的大小和位置却没有调整好，以致页面看起来不美观。

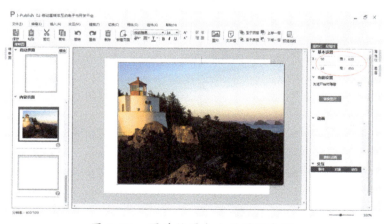

图 2-71　图片位置大小设置不合理

（2）背景图片和背景音乐

添加浅色的背景图片能够避免影响主要图片信息的表达，同时又能美化页面；或者以主要想表达的图片信息作为背景页面进行突出和强调。添加图片信息相关的背景音乐有利于读者理解图片内容。

（3）添加少量的说明文字

图片确实拥有很强的表现力，但与此同时也带来了读者无法准确理解图片内容的问题。因此，I-Publish 的用户需要为图片添加少量的文字来介绍图片中的信息。

（4）恰当的页面布局和层次属性设置

由于图片一般会占据较多的页面位置，当多张图片和多个文本框组合在一起时更需要进行精细的页面布局和层次关系设置，以避免图片和图片、图片和文本、文本和文本之间相互重叠。图 2-72 所示的是一个较差的页面布局，不仅页面中的文本框放置在图片下一层导致文本框中的部分信息被遮挡，而且图片之间也存在相互重叠的情况。对于这样布局较差的页面，读者是无法很好地理解页面想要表达的内容的。

图 2-72　不合理的布局和层次关系

2.3 【插入】菜单

插入菜单为用户提供了很多实用的功能和控件，主要包括新建页面、图片、音频、视频、LBS 定位、内嵌浏览器、360 度、帧动画、文本框、图片轮换、按钮和背景图片，如图 2-73 所示，用户可以通过单击【插入】按钮将其调出。调用【插入】菜单的快捷键【Alt+A】。

图 2-73　插入菜单

2.3.1 页面创建

单击【新建页】按钮能够快速地在当前页面的后面新建一个空白的页面，其功能与【编辑】菜单项的【新建页面】按钮一样，这里不再重复讲解。执行【插入】➞【新建页】命令即可新建一个空白页面。【插入】菜单项的【新建页】按钮如图 2-74 所示。

图 2-74　新建页按钮

2.3.2 插入多媒体资源

I-Publish 的【插入】菜单为用户提供了【图片】、【音频】和【视频】三种多媒体资

源，它们对应的按钮如图 2-75 所示。

图 2-75　多媒体资源按钮

1. 插入图片

01 单击【插入】菜单项或者使用快捷键【Alt+A】。

02 单击【图片】按钮或者单击鼠标右键，在弹出的右键菜单中选择添加图片（图 2-76）。

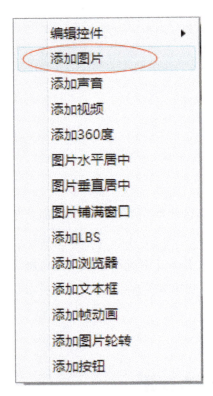

图 2-76　右键菜单选择添加图片

03 在弹出的文件选择对话框中选择用户需要的图片文件（图 2-77）。

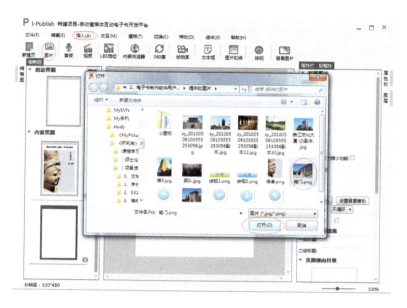

图 2-77　添加图片

特 别 提 示

目前，I-Publish 的图片控件只支持 jpg 和 png 格式的图片，有关图片格式的知识请查看附录。

04 单击【打开】按钮即可将选中的图片文件添加到当前页面（图 2-78）。

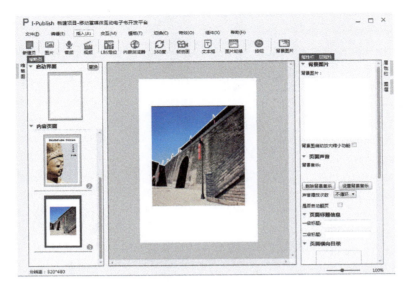

图 2-78　图片效果

05 单击图片控件，通过其【属性栏】窗口设置图片控件的属性，如改变图片控件的位置、大小，设置是否在浏览开始时隐藏，替换图片，查看、删除动画以及查看、删除交互事件等，如图 2-79 所示。

① 基本设置

基本设置栏中【X】、【Y】用来设置图片控件左上角到页面左上角的距离，单位是像素；【宽】、【高】用来设置图片控件的大小，单位也是像素。

② 功能设置

功能设置栏中【浏览开始时隐藏】复选框用于控制页面刚被加载时图片是否隐藏，默认情况下不选中，即图片立即显示；【替换图片】按钮用于替换当前的图片。

③ 动画

动画栏中可以查看用户在图片控件上添加的动画效果，具体的添加方法后面章节中会详细介绍，其中【删除动画】按钮可以删除图片控件上的动画效果。

图 2-79　图片控件【属性栏】窗口

④ 交互

通过交互栏可以查看用户在图片控件上添加的交互事件及其详细内容，包括触发事件、对象和响应动作，也可以通过交互栏删除图片控件上指定的交互事件。交互事件的添加和删除方法在后面的章节中会详细地介绍。

06 通过【图层】窗口查看页面图层以及设置图层效果。从图 2-80 中可以看出当前页面中只有一个图层，即之前添加的图片控件，它对应于右侧图层窗口中的一项条目。单击该条目即可在当前页面中快速选中其对应的图片控件。右侧的 ⊙ 按钮可以控制图层的显示或隐藏，默认情况下，图层是被显示的；单击该按钮，按钮会变成 ⊗ 状态，此时图层会被隐藏，如图 2-81 所示。

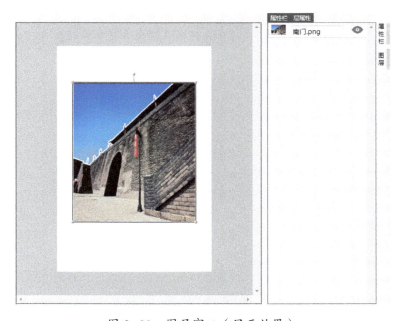

图 2-80　图层窗口（显示效果）

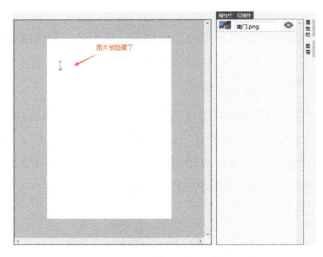

图 2-81　图层窗口（隐藏效果）

2. 插入音频

01 单击【插入】菜单项或者使用快捷键【Alt+A】。

02 单击 🎤 按钮或者单击鼠标右键，在弹出的右键菜单中选择添加声音（图 2-82）。

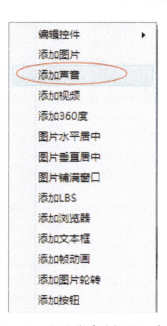

图 2-82　右键菜单选择添加声音

03 在弹出的文件选择对话框中选择用户需要的音频文件（图 2-83）。

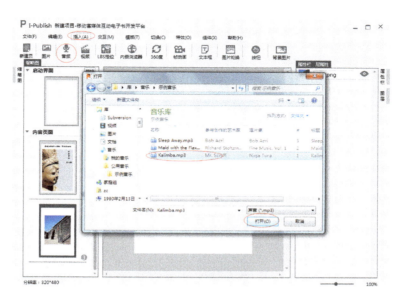

图 2-83　添加声音

特 别 提 示

目前，I-Publish 的音频控件只支持 MP3 格式的声音文件，有关音频格式的知识可以查看附录。

04 单击【打开】按钮即可将选中的音频文件添加到当前页面（图 2-84）。

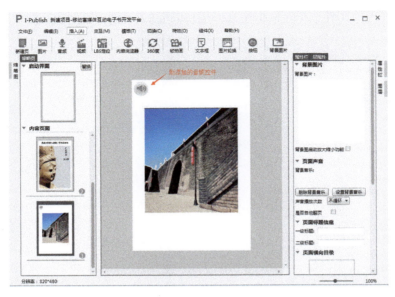

图 2-84　音频效果

05　单击音频控件，通过其【属性栏】窗口设置音频控件的属性，如改变音频控件的位置、大小，设置是否在浏览开始时隐藏、自动播放，查看、删除动画以及查看、删除交互事件等（图 2-85）。

① 基本设置

基本设置栏中【X】、【Y】用来设置音频控件左上角到页面左上角的距离，单位是像素；【宽】、【高】用来设置音频控件的大小，单位也是像素。

② 功能设置

功能设置栏中【浏览开始时隐藏】复选框用于控制页面刚被加载时音频控件是否隐藏，默认情况下不选中，即音频控件立即显示；【浏览开始时自动播放】复选框用于控制页面刚被加载时音频控件是否自动开始播放，默认情况下不选中，即音频控件不自动开始播放。

图 2-85　音频控件【属性栏】窗口

③ 动画

动画栏中可以查看用户在音频控件上添加的动画效果，具体的添加方法后面章节中会详细介绍，其中【删除动画】按钮可以删除音频控件上的动画效果。

④ 交互

通过交互栏可以查看用户在音频控件上添加的交互事件及其详细内容，包括触发事件、对象和响应动作，也可以通过交互栏删除音频控件上指定的交互事件。交互事件的添加和删除方法在后面的章节中会详细地介绍。

06 通过【图层】窗口查看页面图层以及设置图层效果。从图 2-86 中可以看出当前页面中有两个图层、一个图片控件和一个音频控件，它们分别对应于右侧图层窗口中的一项条目。单击某个条目即可在当前页面中快速选中其对应的控件。右侧的 👁 按钮可以控制图层的显示或隐藏，默认情况下，图层是被显示的；单击该按钮，按钮会变成 ❌ 状态，此时图层会被隐藏，如图 2-87 所示。

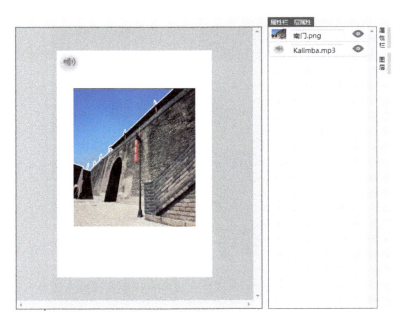

图 2-86 图层窗口（显示效果）

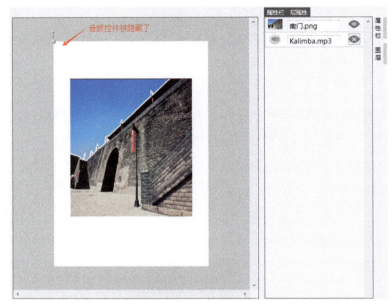

图 2-87　图层窗口（隐藏效果）

07 单击已插入的音频控件图标，控件下方会出现两个按钮，分别是 ▶ 按钮和
⏹ 按钮，代表播放和停止。用户可以通过它们来对音频文件的播放和停止进行控制，如
图 2-88 所示。

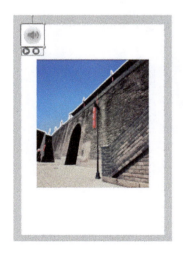

图 2-88　音频控件图标

3. 插入视频

01 单击【插入】菜单项或者使用快捷键【Alt+A】。

02 单击【视频】按钮或者单击鼠标右键，在弹出的右键菜单中选择添加视频（图 2-89）。

图 2-89　右键菜单选择添加视频

03 在弹出的文件选择对话框中选择用户需要的视频文件，这里只支持 MP4 格式（见附录 3）的视频文件（图 2-90）。

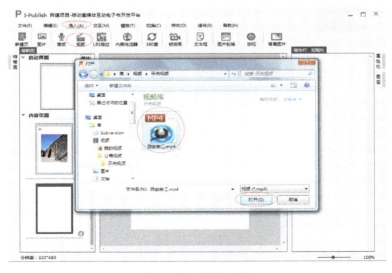

图 2-90　添加视频

特 别 提 示

目前，I-Publish 的视频控件只支持 MP4 格式的视频文件，有关视频格式的知识
可以查看附录。

04 单击【打开】按钮即可将选中的视频文件添加到当前页面，视频控件默认是黑
色的（图 2-91）。

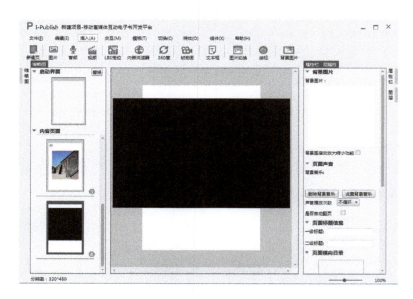

图 2-91　视频效果

05 选中视频控件，通过其【属性栏】窗口设置视频控件的属性，如改变视频控件
的位置、大小，设置是否在浏览开始时隐藏、是否浏览开始时自动播放，查看、删除动画
以及查看、删除交互事件等（图 2-92）。

① 基本设置

基本设置栏中【X】、【Y】用来设置视频控件左上角到页面左上角的距离，单位是像素；【宽】、【高】用来设置视频控件的大小，单位也是像素。

② 功能设置

功能设置栏中【浏览开始时隐藏】复选框用于控制页面刚被加载时视频控件是否隐藏，默认情况下不选中，即视频控件立即显示；【浏览开始时自动播放】复选框用于控制页面刚被加载时视频控件是否自动开始播放，默认情况下不选中，即视频控件不自动开始播放。

③ 动画

动画栏中可以查看用户在视频控件上添加的动画效果，具体的添加方法后面章节中会详细介绍，其中【删除动画】按钮可以删除视频控件上的动画效果。

④ 交互

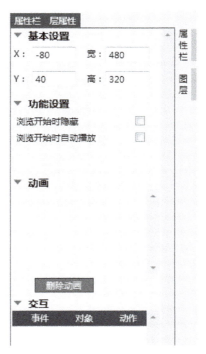

图 2-92 视频控件【属性栏】窗口

通过交互栏可以查看用户在视频控件上添加的交互事件及其详细内容，包括触发事件、对象和响应动作，也可以通过交互栏删除视频控件上指定的交互事件。交互事件的添加和删除方法在后面的章节中会详细地介绍。

06 通过【图层】窗口查看页面图层以及设置图层效果。从图 2-93 中可以看出当前页面中只有一个图层，即之前添加的视频控件，它对应于右侧图层窗口中的一项条目。单击该条目即可在当前页面中快速选中该视频控件。右侧的 ◉ 按钮可以控制图层的显示或隐藏，默认情况下，图层是被显示的；单击该按钮，按钮会变成 ✖ 状态，此时图层会被隐藏，如图 2-94 所示。

图 2-93 图层窗口（显示效果）

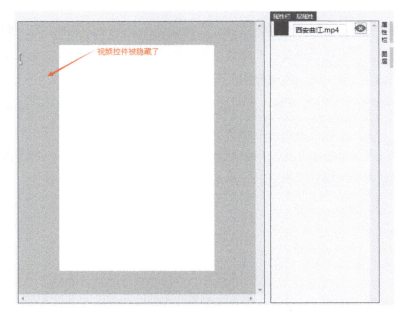

图 2-94 图层窗口（隐藏效果）

07 单击已插入的视频控件图标，控件下方会出现两个按钮，分别是 和 按钮，代表播放和停止。用户可以通过它们来对视频文件的播放和停止进行控制，如图 2-95 所示。

图 2-95　视频控件图标

知　识　窗

多媒体

多媒体（Multimedia）是多种媒体的综合，一般包括文本、声音和图像等多种媒体形式。在计算机系统中，多媒体指组合两种或两种以上媒体的一种人机交互式信息交流和传播媒体。使用的媒体包括文字、图片、声音、动画和影片，以及程式所提供的互动功能。

2.3.3 LBS 定位

I-Publish 的 LBS 定位插件【LBS 定位】可以在当前页面中导入一个地图控件，给用户提供到达目的地的路径及周围的相关信息（图 2-96）。

图 2-96　LBS 图标

知 识 窗

谷歌地图

谷歌（Google）公司提供的电子地图服务，包括局部详细的卫星照片。此款服务可以提供含有政区和交通以及商业信息的矢量地图、不同分辨率的卫星照片和可以用来显示地形和等高线地形的视图。

01　单击【插入】菜单项或者使用快捷键【Alt+A】。

02　单击【LBS 定位】按钮或者单击鼠标右键，在弹出的右键菜单中选择添加 LBS 即可导入谷歌地图插件（图 2-97）。

图 2-97 右键菜单选择添加 LBS

03 LBS 控件添加成功后的效果如图 2-98 所示，此时的 LBS 控件还未进行任何设置。

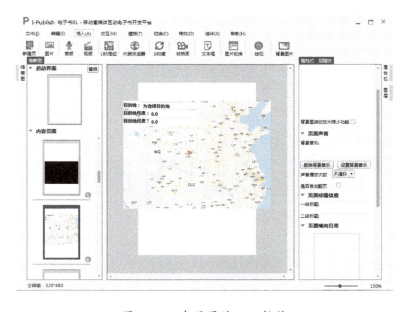

图 2-98 未设置的 LBS 控件

04 单击 LBS 控件，打开其【属性栏】窗口进行设置，如改变 LBS 控件的位置、大小，设置是否在浏览开始时隐藏，设置目的地名称、目的地纬度、目的地经度，查看、删除动画以及查看、删除交互事件等。LBS 控件【属性栏】窗口中的这些设置会同步地更新到 LBS 控件上。如图 2-99 所示，键入的【默认目的地】是陕西，【目的地纬度】为 33.71，【目的地经度】为 110.35。

图 2-99　LBS 控件【属性栏】窗口

（1）基本设置。基本设置栏中【X】、【Y】用来设置 LBS 控件左上角到页面左上角的距离，单位是像素；【宽】、【高】用来设置 LBS 控件的大小，单位也是像素。

（2）功能设置。功能设置栏中【浏览开始时隐藏】复选框用于控制页面刚被加载时 LBS 控件是否隐藏，默认情况下不选中，即 LBS 控件立即显示；【目的地名称】文本框用来设置 LBS 控件定位的目的地名称；【目的地纬度】文本框用来设置目的地的纬度坐标；【目的地经度】文本框用来设置目的地的经度坐标。

（3）动画。动画栏中可以查看用户在 LBS 控件上添加的动画效果，具体的添加方法后面章节中会详细介绍，其中【删除动画】按钮可以删除 LBS 控件上的动画效果。

（4）交互。通过交互栏可以查看用户在 LBS 控件上添加的交互事件及其详细内容，包括触发事件、对象和响应动作，也可以通过交互栏删除 LBS 控件上指定的交互事件。交互事件的添加和删除方法在后面的章节中会详细地介绍。

（5）最后电子书的使用者只需简单地调用 LBS 控件即可获得相关的位置信息。

知 识 窗

LBS

LBS 是 Location Based Service 的简称，即基于位置的服务。它是通过电信移动运营商的无线电通讯网络（如 GSM 网、CDMA 网）或外部定位方式（如 GPS）获取移动终端用户的位置信息（地理坐标或大地坐标），在地理信息系统（外语缩写：GIS、外语全称：Geographic Information System）平台的支持下，为用户提供相应服务的一种增值业务。LBS 就是要借助互联网或无线网络，在固定用户或移动用户之间，完成定位和服务两大功能。

2.3.4 内嵌浏览器

考虑到电子书的阅读者可能会对电子书中的某些内容或者相关信息产生兴趣或者存在不理解的地方，他们可能会利用网络进行相关信息的查找，因此 I-Publish 提供了【内嵌浏览器】控件来方便用户检索网络资源，同时又无需退出电子书。

知 识 窗

浏览器

浏览器是可以显示网页服务器或者文件系统的 HTML 文件（标准通用标记语言的一个应用）内容，并让用户与这些文件交互的一种软件。它用来显示在万维网或局域网内的文字、图像及其他信息。这些信息也可以是连接其他网址的超链接，用户可迅速、轻易地浏览各种信息。

内嵌浏览器

简单地说内嵌浏览器就是指嵌入其他软件中的浏览器插件。

---

01 单击【插入】菜单项或者使用快捷键【Alt+A】。

02 单击【内嵌浏览器】按钮或者单击鼠标右键，在弹出的右键菜单中选择添加浏览器即可导入内嵌浏览器控件（图 2-100）。

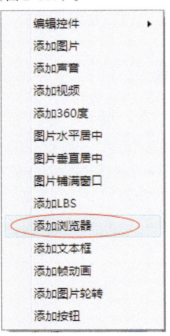

图 2-100　右键菜单选择添加浏览器

03 内嵌浏览器控件添加成功后的效果如图 2-101 所示，此时的内嵌浏览器控件还未进行任何设置。

图 2-101　未设置的内嵌浏览器控件

04 单击内嵌浏览器控件，打开其【属性栏】窗口进行设置，如改变内嵌浏览器控件的位置、大小，设置是否在浏览开始时隐藏，设置浏览器地址，查看、删除动画以及查看、删除交互事件等。内嵌浏览器控件【属性栏】窗口中的这些设置会同步地更新到内嵌浏览器控件上。如图 2-102 所示，示例中键入的【默认浏览器地址】是"http://www.xaqjpm.com"，它是西安曲江出版传媒股份有限公司的域名。

（1）基本设置。基本设置栏中【X】、【Y】用来设置内嵌浏览器控件左上角到页面左上角的距离，单位是像素；【宽】、【高】用来设置内嵌浏览器控件的大小，单位也是像素。

（2）功能设置。功能设置栏中【浏览开始时隐藏】复选框用于控制页面刚被加

图 2-102　内嵌浏览器控件【属性栏】窗口

载时内嵌浏览器控件是否隐藏，默认情况下不选中，即内嵌浏览器控件立即显示；【浏览器地址】文本框用来设置内嵌浏览器访问的网站地址。

（3）动画。在动画栏中可以查看用户在内嵌浏览器控件上添加的动画效果，具体的添加方法后面章节中会详细介绍，其中【删除动画】按钮可以删除内嵌浏览器控件上的动画效果。

（4）交互。通过交互栏可以查看用户在内嵌浏览器控件上添加的交互事件及其详细内容，包括触发事件、对象和响应动作，也可以通过交互栏删除内嵌浏览器控件上指定的交互事件。交互事件的添加和删除方法在后面的章节中会详细地介绍。

（5）最后，电子书的使用者只需简单地调用内嵌浏览器控件即可访问网站，获得相关信息。

2.3.5　360 度旋转

单张图片或简单的叙述文字显然无法充分地描绘物品的外貌和特点，因此 I-Publish 的【插入】菜单项提供了【360 度】控件。该控件能够在当前页面中嵌入物品的 360 度全方位展示效果，让电子书的阅读者能够从各个角度看到物品的全貌（图 2-103）。

图 2-103　360 度图标

知 识 窗

360 度

这里的 360 度是指物体 3D 模型的旋转展示。

01 单击【插入】菜单项或者使用快捷键【Alt+A】。

02 单击【360度】按钮或者单击鼠标右键，在弹出的右键菜单中选择【添加360度】（图2-104）。

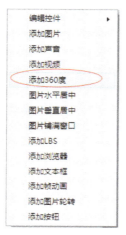

图 2-104　右键菜单选择添加 360 度

03 弹出360度控件的编辑图片子页面。

04 单击子页面中的 ➕ 按钮，在弹出的文件选择对话框中选择同一平面上物品的360度全方位的照片，然后单击【打开】按钮即可将选中的图片文件添加到子页面中（图2-105~图2-106）。

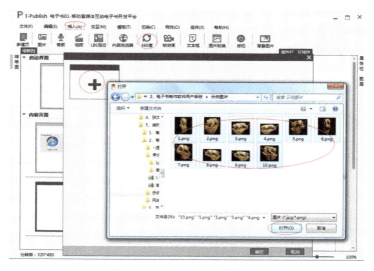

图 2-105　添加 360 度图片

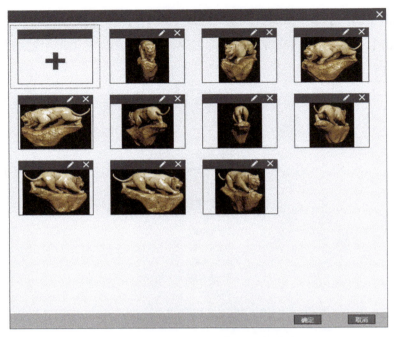

图 2-106　子页面上的 360 度图片

特 别 提 示

目前，I-Publish 的 360 度控件只支持 png 和 jpg 格式的图片文件，有关图片格式的
知识可以查看附录。

05 如图 2-107 所示，已添加到子页面中的
每张图片的右上方都有两个按钮，分别是 ✎ 按钮和
✖ 按钮，它们分别用于修改图片和删除图片。一般
来说图片 360 度拍摄得越精细，则图片数量越多，
那么展示的效果也会越全面、详细。

06 单击子页面上的【确定】按钮，360 度产
品展示就添加完成，如图 2-108 所示。

图 2-107　360 度单张图片

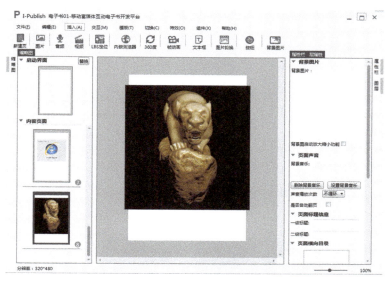

图 2-108　360 度控件

07　单击 360 度控件，通过其【属性栏】窗口设置控件的属性，如改变 360 度控件的位置、大小，设置是否在浏览开始时隐藏，编辑 360 度，查看、删除动画以及查看、删除交互事件等（图 2-109）。

（1）基本设置。基本设置栏中【X】、【Y】用来设置 360 度控件左上角到页面左上角的距离，单位是像素；【宽】、【高】用来设置 360 度控件的大小，单位也是像素。

（2）功能设置。功能设置栏中【浏览开始时隐藏】复选框用于控制页面刚被加载时 360 度控件是否隐藏，默认情况下不选中，即 360 度控件立即显示；【编辑 360 度】按钮用于编辑 360 度控件，单击该按钮将调出 360 度控件的编辑图片子页面，以便用户修改或添加控件中的图片。

（3）动画。动画栏中可以查看用户在 360 度旋转控件上添加的动画效果，具体的添加方法后面章节中会详细介绍，其中【删除动画】按钮可以删除 360 度控件上的动画效果。

（4）交互。通过交互栏可以查看用户在 360 度旋转控

图 2-109　360 度控件【属性栏】窗口

件上添加的交互事件及其详细内容，包括触发事件、对象和响应动作，也可以通过交互栏删除 360 度控件上指定的交互事件。交互事件的添加和删除方法在后面的章节中会详细地介绍。

08 通过【图层】窗口查看页面图层以及设置图层效果，与前面讲述的功能一样，这里不再重复讲解。

09 如图 2-110 所示，选中 360 度旋转控件后，控件左上角会出现两个按钮，分别是【＋】按钮和【－】按钮，它们可以按图片添加时的顺序或逆序切换 360 度控件中的图片。用户可以通过这两个按钮对控件中的 360 度产品进行预览。

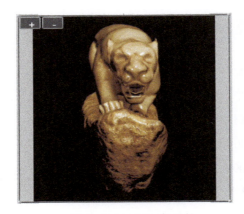

图 2-110　360 度旋转

2.3.6　逐帧动画

　　由于静态图片的表现力不够丰富，I-Publish 为用户提供了逐帧动画功能。逐帧动画的效果堪比视频，但是与视频相比占用的空间小得多。逐帧动画是基于"视觉暂留"的原理，相当于以较高的速度连续播放不同的画面，当频率超过人的肉眼可以识别的帧率时，它们看起来是连续播放的动画。

知 识 窗

视觉暂留

人的眼睛具有"视觉暂留"特性，就是人的眼睛看到一幅画面或一个物体后，在 1/24 秒内不会消失，利用这一视觉变化效果，电影采用了每秒 24 幅画的速度拍摄播放，电视采用了每秒 25 幅（PAL 制）或 30 幅（NSTC 制）画面的速度拍摄播放。如果以每秒低于 24 幅画面的速度拍摄播放，就会出现停顿现象。

逐帧动画

逐帧动画（Frame By Frame）是一种常见的动画形式，它是在"连续的关键帧"中分解动画动作，即在时间轴的每帧上逐帧绘制不同的内容，使其连续播放达到一定的速度时，人们用肉眼无法区分它们的间隙而形成动画效果。逐帧动画具有非常大的灵活性，几乎可以表现任何想表现的内容，而它类似于电影的播放模式，很适合表演细腻的动画。

逐帧动画功能位于【插入】菜单项的位置如图 2-111 所示。

图 2-111　插入菜单的帧动画图标

插入逐帧动画示例

01 单击【插入】菜单项或者使用快捷键【Alt+A】。

02 单击【帧动画】按钮或者单击鼠标右键，在弹出的右键菜单中选择【添加帧动画】

（图 2-112~ 图 2-114）。

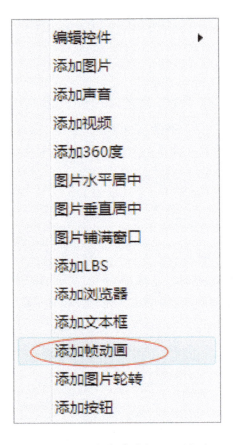

图 2-112　右键菜单选择添加帧动画

03 弹出图片添加的子页面。

04 单击子页面上的【添加】按钮，在弹出的文件选择对话框中选择需要连续播放的图片，然后单击【打开】按钮就可以将选中的图片文件添加到子页面中。

特 别 提 示

目前，I-Publish 的帧动画控件只支持 png 和 jpg 格式的图片文件，有关图片格式的知识可以查看附录。

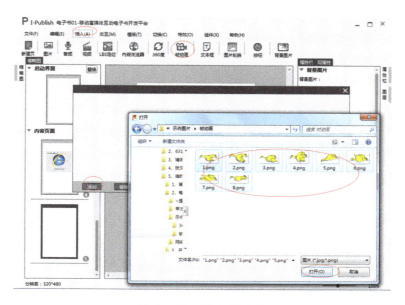

图 2-113　添加帧动画

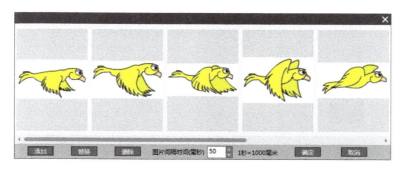

图 2-114　子页面上的帧动画图片

05 用户也可以对子页面中的图片进行编辑或对图片的切换时间进行设置。

① 单击【添加】按钮继续添加图片。

② 选中子页面中的一幅图片，单击【替换】按钮可以重新选择一幅图片替换该图片。

③ 选中子页面中的一幅图片，单击【删除】按钮可以删除该图片。

④ 如图 2-115 所示，用户可以在输入框中手动输入时间间隔，也可以通过单击输入框右侧的 ▲ 按钮或 ▼ 按钮按 1 毫秒的比例逐渐增加或减少时间间隔。值得注意的是，只有添加合适数量的图片以及设置恰当的播放时间间隔，动画才会连续，播放效果才会好。

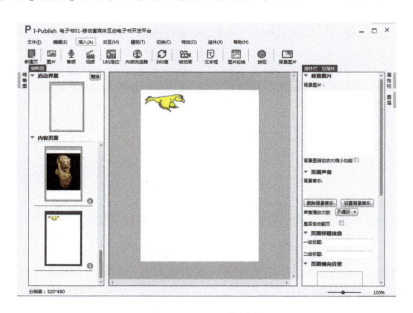

图 2-115　时间间隔设置模块

特　别　提　示

图片时间间隔的单位是毫秒（1秒等于1000毫秒），默认值是50毫秒。

06 单击【确定】按钮，逐帧动画就添加完成了，如图 2-116 所示。

图 2-116　逐帧动画

07 单击帧动画控件，通过其【属性栏】窗口设置图片控件的属性，如改变帧动画控件的位置、大小，设置是否在浏览开始时隐藏、自动播放，设置动画播放次数，编辑逐帧动画，查看、删除动画以及查看、删除交互事件等。

① 基本设置

基本设置栏中【X】、【Y】用来设置帧动画控件左上角到页面左上角的距离，单位是像素；【宽】、【高】用来设置帧动画控件的大小，单位也是像素（图 2-117）。

② 功能设置

功能设置栏中【浏览开始时隐藏】复选框用于控制页面刚被加载时帧动画控件是否隐藏，默认情况下不选中，即帧动画控件立即显示；【浏览开始时自动播放】复选框用于控制页面刚被加载时帧动画控件是否自动开始播放，默认情况下不选中，即帧动画控件不自动播放；【逐帧动画】按钮用于编辑帧动画控件，单击该按钮将调出帧动画控件的图片子页面，以便用户进行修改。值得注意的是，【动画播放次数】下拉框用于控制逐帧动画的播放次数，如图 2-118 所示。默认情况下逐帧动画会"无限循环播放"，用户也可以根据自身需要选择"播放1次"、"播放2次"或者"播放3次"。

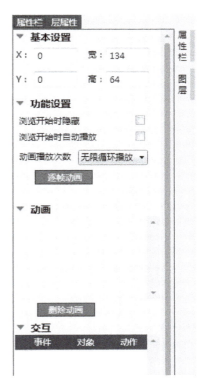

图 2-117 帧动画控件【属性栏】窗口

③ 动画

动画栏中可以查看用户在帧动画控件上添加的动画效果，具体的添加方法后面章节中会详细介绍，其中【删除动画】按钮可以删除帧动画控件上的动画效果。

④ 交互

通过交互栏可以查看用户在帧动画控件上添加的交互事件及其详细内容，包括触发事件、对象和响应动作，也可以通过交互栏删除帧动画控件上指定的交互事件。交互事件的添加和删除方法在后面的章节中会详细地介绍。

图 2-118 播放次数设置

08 通过【图层】窗口查看页面图层以及设置图层效果，与前面讲述的功能一样，这里不再重复讲解。

09 选中帧动画控件后，控件左下角会出现两个按钮，分别是 ▶ 按钮和 ⬛ 按钮，代表播放和停止。用户可以通过它们来对帧动画的播放和停止进行控制，如图 2-119 所示。此时，如果用户单击 ▶ 按钮将会看到一只小鸟在飞行。

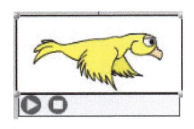

图 2-119　帧动画

2.3.7　背景图片设置

背景图片用来设置当前页面的背景，一般来说它位于最底层，其他的控件都将被放到背景图片上。背景图片的选择不仅要美观，而且不能影响到它上面其他控件的显示效果，不然就失去了添加背景图片的意义。为页面添加一幅背景图片使用【插入】菜单项的【背景图片】按钮，如图 2-120 所示。

图 2-120　背景图片图标

背景图片设置示例

01 单击【插入】菜单项或者使用快捷键【Alt+A】。

02 单击【背景图片】按钮。

03 弹出图片选择对话框，选择合适的文件路径后选中图片文件（图 2-121）。

特 别 提 示

目前，I-Publish 的背景图片只支持 png 和 jpg 格式的图片文件，有关图片格式的知识可以查看附录。

图 2-121 选择背景图片

04 单击【确定】按钮即可将选中的图片文件设置为当前页面的背景图片,如图 2-122 所示。

图 2-122 背景图片

05 之后用户可以在右侧的页面属性栏中进行相关设置，包括背景图启动放大缩小功能、背景音乐设置、页面标题设置和页面目录设置等，如图 2-123 所示。

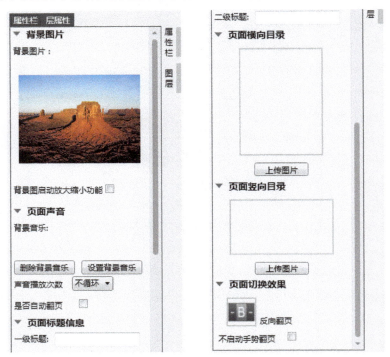

图 2-123　页面的【属性栏】窗口

① 背景图片

背景图片栏目可以查看当前页面的背景图片；【背景图启动放大缩小功能】复选框可以控制背景图片先逐渐放大后逐渐缩小至原图大小，默认情况下不勾选。

② 页面声音

页面声音栏目用于查看背景音乐、设置背景音乐、删除背景音乐、设置声音播放次数、设置是否自动翻页。

a. 单击【设置背景音乐】按钮，在弹出的文件选择框中，选择合适的文件路径，选中声音文件，目前只支持 MP3 格式的声音文件，然后单击【打开】按钮，背景音乐就添加成功了。之后用户可以在页面声音栏目下看到刚添加的声音文件的完整路径以及文件名，如图 2-124 所示。

b. 单击【删除背景音乐】按钮就会删除当前的背景音乐。

c. 单击【声音播放次数】下拉框，设置背景音乐的播放次数，默认情况下是"不循环"，用户也可以根据需求选择"无限循环"、"播放一次"或者"播放两次"，如图 2-125 所示。

图 2-124　背景音乐图　　　　图 2-125　声音播放次数

d. 勾选【是否自动翻页】复选框，可以设置页面自动翻页，默认情况下不勾选。

③ 页面标题信息

页面标题信息栏目有两个输入框，分别用来设置页面的一级标题和二级标题。

④ 页面横向目录

单击【上传图片】按钮，在弹出的文件选择对话框中选中图片，支持 jpg 和 png 格式图片，然后单击【打开】按钮即可添加页面横向目录图片。

⑤ 页面竖向目录

单击【上传图片】按钮，在弹出的文件选择对话框中选中图片，支持 jpg 和 png 格式图片，然后单击【打开】按钮即可添加页面竖向目录图片。

⑥ 页面切换效果

页面切换效果栏目，可以查看当前的页面切换时的展示效果；【不启动手势翻页】复选框用于开启或关闭电子书的手势翻页功能，默认不勾选，即不启用该功能。

2.3.8 插入文本框和按钮

由于文本框是电子书中使用最多的控件，为了方便用户使用，【插入】菜单项也提供了插入【文本框】的功能，其与【编辑】菜单项的【文本框】功能一致。同时，I-Publish的【插入】菜单项还提供了【按钮】控件供用户使用。【按钮】控件是能够响应用户操作最基本的控件之一，它能够捕获到用户单击事件并及时地做出响应。

1. 插入文本框

01 单击【插入】菜单项或者使用快捷键【Alt+A】。

02 单击【文本框】按钮或者单击鼠标右键，在弹出的右键菜单中选择【添加文本　框】（图 2-126）。

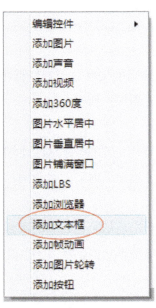

图 2-126　右键菜单选择添加文本框

03 然后在当前页面中出现一个新建的空白文本框，并且提示用户"双击进行文字内容的编辑"（图 2-127）。

双击进行文字内容的编辑

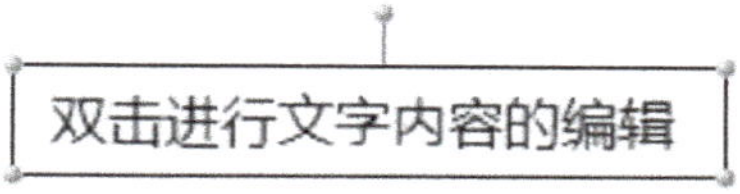

图 2-127　空白文本框

04 双击该文本框，在其中键入文字即可，如"移动富媒体互动电子书开发平台"（图 2-128）。

移动富媒体互动电子书开发平台

图 2-128　文本框

05 选中文本框控件，用户可以通过鼠标拖曳的方式调整文本框控件的大小和位置，也可以通过其【属性栏】窗口设置文本框控件的属性，如改变文本框控件的位置、大小，设置是否在浏览开始时隐藏，查看、删除动画以及查看、删除交互事件等。文本框【属性栏】窗口的详细介绍参考本章 2.2.5 节。

06 通过【图层】窗口查看页面图层以及设置图层效果，与前面讲述的功能一样，这里不再重复讲解。

07 最后用户也可以参考本章 2.2.4 节对文本框进行字体属性的相关设置（图 2-129）。

2. 插入按钮

01 单击【插入】菜单项或者使用快捷键【Alt+A】。

02 单击【按钮】控件或者单击鼠标右键，在弹出的右键菜单中选择【添加按钮】（图 2-130）。

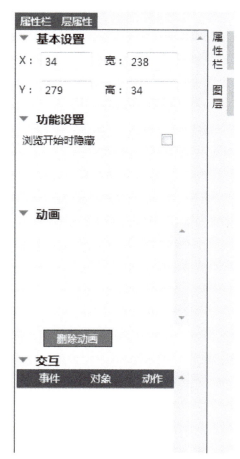

图 2-129　文本框控件【属性栏】窗口

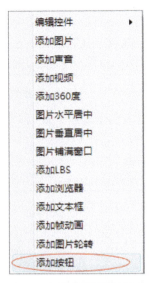

图 2-130　右键菜单选择添加按钮

03 弹出按钮设置对话框，如果不勾选【普通按钮】复选框，则对话框如图 2-131 所示。

图 2-131　非普通按钮设置界面

04 如果勾选【普通按钮】复选框，则对话框如图 2-132 所示。

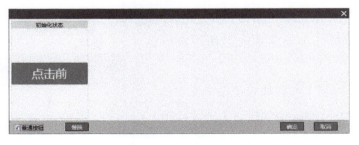

图 2-132　普通按钮设置界面

05 对按钮单击前和单击后的状态进行设置，如果勾选了【普通按钮】则只需设置"单击前状态/初始化状态"，按钮在被单击前后保持不变；如果没有勾选【普通按钮】则需要设置"单击前状态/初始化状态"和"单击后状态"，按钮在被单击前后处于不同的状态。

① 设置实例一

a. 设置按钮单击前状况：选中【单击前】，然后单击【替换】按钮，在弹出的文件选择对话框中选择图片（目前只支持 jpg 和 png 格式的图片），最后单击【打开】按钮即可完成设置。设置流程如图 2-133 所示。

图 2-133 设置单击前按钮图片

单击前状态的设置结果如图 2-134 所示。

图 2-134 单击前图片效果

　　b. 设置按钮单击后状况：选中【单击后】，然后单击【替换】按钮，在弹出的文件选择对话框中选择图片（目前只支持 jpg 和 png 格式的图片），最后单击【打开】按钮即可完成设置。设置流程如图 2-135 所示。

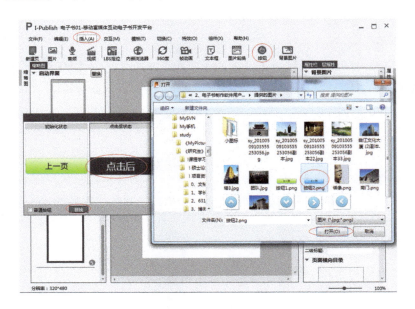

图 2-135　设置单击后图片

单击后状态的设置结果如图 2-136 所示。

图 2-136　单击后图片效果

　　c. 单击【确定】按钮即可完成按钮的添加，按钮默认处于"单击前"的状态，如图 2-137 所示。

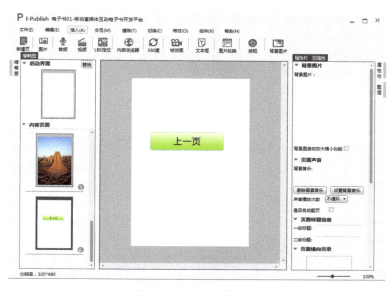

图 2-137 按钮实例一

② 设置实例二

a. 设置按钮单击前状况：选中【单击前】，然后单击【替换】按钮，在弹出的文件选择对话框中选择图片（目前只支持 jpg 和 png 格式的图片），最后单击【打开】按钮即可完成设置。设置流程如图 2-138 所示。

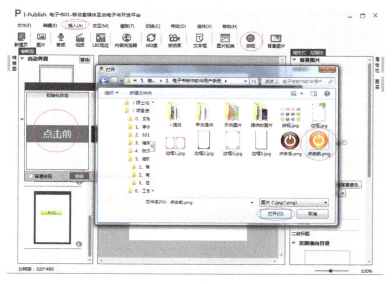

图 2-138 设置单击前按钮图片

单击前状态的设置结果如图 2-139 所示。

图 2-139　单击前图片效果

b. 设置按钮单击后状况：选中【单击后】，然后单击【替换】按钮，在弹出的文件选择对话框中选择图片（目前只支持 jpg 和 png 格式的图片），最后单击【打开】按钮即可完成设置。设置流程如图 2-140 所示。

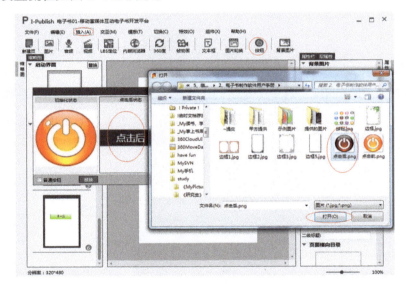

图 2-140　设置单击后图片

单击后状态的设置结果如图 2-141 所示。

图 2-141　单击后图片效果

c. 单击【确定】按钮即可完成按钮的添加，按钮默认处于"单击前"的状态，如图2-142所示。

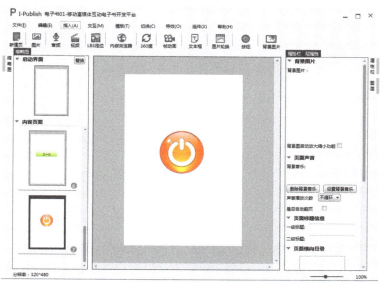

图 2-142 按钮实例二

06 左键单击选中当前添加的按钮控件，通过其【属性栏】窗口设置按钮控件的属性，如改变按钮控件的位置、大小，设置是否在浏览开始时隐藏，编辑按钮，查看、删除动画以及查看、删除交互事件等（图2-143）。

① 基本设置

基本设置栏中【X】、【Y】用来设置按钮控件左上角到页面左上角的距离，单位是像素；【宽】、【高】用来设置按钮控件的大小，单位也是像素。

② 功能设置

功能设置栏中【浏览开始时隐藏】复选框用于控制页面刚被加载时按钮是否隐藏，默认情况下不选中，即按钮立即显示；【编辑按钮】按钮用于修改当前的按钮控件。

③ 动画

动画栏中可以查看用户在按钮控件上添加的动画效果，

图 2-143 按钮控件【属性栏】窗口

具体的添加方法后面章节中会详细介绍，其中【删除动画】按钮可以删除按钮控件上的动画效果。

④ 交互

通过交互栏可以查看用户在按钮控件上添加的交互事件及其详细内容，包括触发事件、对象和响应动作，也可以通过交互栏删除按钮控件上指定的交互事件。交互事件的添加和删除方法在后面的章节中会详细地介绍。

07 通过【图层】窗口查看页面图层以及设置图层效果，其功能前面已经介绍过，这里不再重复讲解。

08 添加完成后用户可以通过 I-Publish 的预览功能查看按钮控件的效果。

① 实例一　预览效果

按钮默认为绿色，如果设置了单击后状态则用户在预览界面单击该按钮时，按钮会变成蓝色且处于被选中状态；当用户松开该按钮后，按钮又会还原成绿色，如图 2-144 所示。

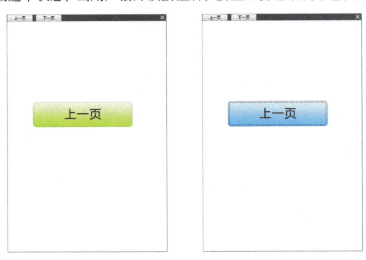

（a）单击前　　　　　　　　　　　（b）单击后

图 2-144　按钮单击前后的预览效果

② 实例二　预览效果

按钮默认为橙红色图标，如果设置了单击后状态则用户在预览界面单击该按钮时，按钮会变成暗红色且处于被选中状态；当用户松开该按钮后，按钮又会还原成橙红色，如图 2-145 所示。

（a）单击前 　　　　　　　（b）单击后

图 2-145　按钮单击前后的预览效果

特 别 提 示

建议用户为按钮控件添加额外的提示性文本，以方便读者了解该按钮的作用和效果。

2.3.9　图片轮换

如果用户希望在一个控件上轮流显示多幅图片，则需要用到【插入】菜单项的【图片轮换】功能，如图 2-146 所示。

123

图 2-146　插入菜单图片轮换图标

目前，I-Publish 的图片轮换控件只支持 png 和 jpg 格式的图片文件，有关图片格式的知识可以查看附录。

01 单击【插入】菜单项或者使用快捷键【Alt+A】。

02 单击【图片轮换】按钮或者单击鼠标右键，在弹出的右键菜单中选择【添加图片轮转】，如图 2-147 所示。

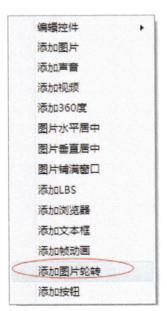

图 2-147　右键菜单选择添加图片轮转

03 弹出轮换图片的编辑子页面。

04 单击子页面中的【➕】按钮，在弹出的文件选择对话框中选择合适的文件路径并选中需要的图片文件，然后单击【打开】按钮即可将选中的图片文件添加到子页面中，如图 2-148 和图 2-149 所示。

图 2-148　添加图片轮换

图 2-149　子页面中的轮换图片

05 如图 2-150 所示，已添加到子页面中的每张图片的右上方都有两个按钮，分别是【✎】按钮和【✖】按钮，它们分别用于修改图片和删除图片。用户也可以在子页面右

侧的"当前展示效果"栏下查看控件当前的展示效果以及在"所有展示效果"栏下重新设置控件的展示效果，如图 2-150 和图 2-151 所示。

图 2-150　单张轮换图片　　　图 2-151　子页面右侧展示效果栏

06　单击子页面上的【确定】按钮，图片轮换控件就添加完成了，控件默认显示它包含的第一张图片，如图 2-152 所示。

图 2-152　图片轮换

07 单击图片轮换控件，通过其【属性栏】窗口设置图片轮换控件的属性，如改变图片轮换控件的位置、大小，设置是否在浏览开始时隐藏，编辑图片轮转，查看、删除动画以及查看、删除交互事件等。

（1）基本设置

基本设置栏中【X】、【Y】用来设置图片轮换控件左上角到页面左上角的距离，单位是像素；【宽】、【高】用来设置图片轮换控件的大小,单位也是像素(图2-153)。

（2）功能设置

功能设置栏中【浏览开始时隐藏】复选框用于控制页面刚被加载时图片轮换控件是否隐藏，默认情况下不选中，即图片轮换控件立即显示；【编辑图片轮转】按钮用于编辑图片轮换控件，单击该按钮将调出图片轮换控件的编辑图片子页面，以便用户修改或添加控件中的图片。

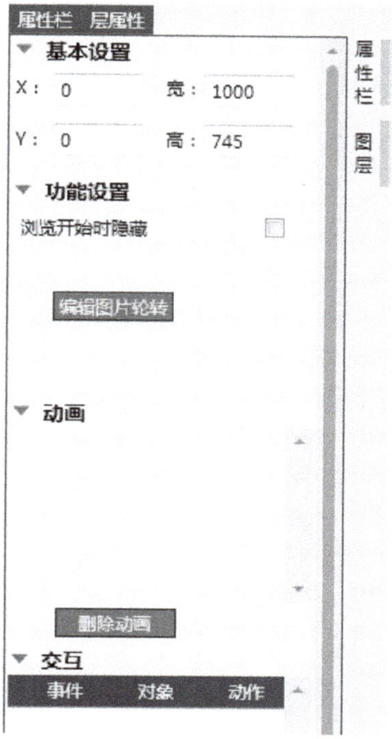

图 2-153　图片轮换控件【属性栏】窗口

（3）动画

动画栏中可以查看用户在图片轮换控件上添加的动画效果，具体的添加方法后面章节中会详细介绍，其中【删除动画】按钮可以删除图片轮换控件上的动画效果。

（4）交互

通过交互栏可以查看用户在图片轮换控件上添加的交互事件及其详细内容，包括触发事件、对象和响应动作，也可以通过交互栏删除图片轮换控件上指定的交互事件。交互事件的添加和删除方法在后面的章节中会详细地介绍。

08 通过【图层】窗口查看页面图层以及设置图层效果，与前面讲述的功能一样，这里不再重复讲解。

09 之后用户可以通过预览功能查看图片轮换控件的效果。图片轮换控件左下侧的圆点与其包含的图片文件一一对应，而白色的小圆点指示了当前被展示图片的序号，默认展示第一张图片。用户每次单击该轮换图片控件都会触发图片的变换，图片变换的顺序与之前添加图片的顺序一致。当然，用户也可以通过单击图片轮换控件左下方的黑圆点来快

速地跳转到某一幅图片（图 2-154）。

（a）默认情况　　　　　　　　　　（b）快速跳转

图 2-154　图片轮换预览效果

2.4　【交互】菜单

　　用户在制作电子书时，利用【交互】菜单可以为页面上不同的控件对象添加与其对应的交互事件，以此来响应不同的用户操作，增强电子书的可操作性。总的来说，I-Publish 的【交互】菜单主要用于按键对页面控件显示效果的控制，其效果包括：显示、隐藏、全屏、还原、页面跳转、URL 切换、播放声音、停止声音、播放动画和停止动画。调用【交互】菜单的快捷键【Alt + M】。

2.4.1　添加交互事件

　　当用户选择页面中的任意一个控件对象后，根据选择控件的类型，I-Publish 的交互菜单会为其提供不同类型的交互事件，包括触发事件和响应事件。但是，不同控件对象交互事件的添加过程是类似的。

1. 添加交互事件的一般过程

01 选择【交互】菜单或者使用快捷键【Alt+M】。

02 左键单击选中控件对象，如图 2-155 所示。

03 查看其支持的触发事件，并选择一种触发事件，系统默认提供【显示时】和【隐藏时】两种事件。

04 单击【对象】按钮，在弹出的对象选择框中选择该控件。

05 查看其支持的响应事件，并选择一种响应事件，然后按要求进行相关设置。

06 单击【添加】按钮，交互事件就添加完成了。

07 之后，用户可以打开该控件对象的【属性栏】窗口，在其【交互】栏下查看该控件上已添加的所有交互事件以及相关信息，包括触发事件、控件对象和响应动作。

图 2-155　交互菜单

知 识 窗

事件

用户在屏幕上对电子书执行的每一个操作，在系统中都是由一个或多个事件构成的。每一个事件都包含一个触发条件（可能是系统产生的，也可能来自于用户操作）和一个响应过程，它们本身也是事件。只有触发事件产生时，响应事件才会被执行。

2. 不同控件对象的交互事件

（1）文本对象

文本对象的交互事件见图 2-156。

图 2-156　文本对象的交互事件（触发）

文本对象的触发事件栏有【显示时】和【隐藏时】两个可选项，分别表示文本对象刚被显示和被隐藏的时刻，这两个事件多是由系统触发的，如图2-157所示。说明当文本对象被显示到页面上时或者被隐藏时，满足触发条件，可以触发响应事件。

图2-157　文本对象的交互事件（响应）

文本对象的响应事件栏有【显示】、【隐藏】和【页面跳转】三个可选项。其中，【显示】和【隐藏】可以显示和隐藏文本对象；【页面跳转】可以控制当前页面跳转到指定的页面，跳转页面设置框如图2-158所示。

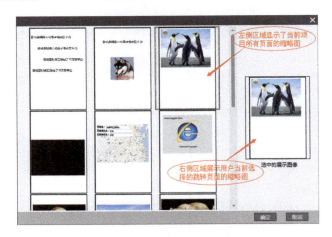

图2-158　跳转页面设置框

（2）图片对象

图片对象的交互事件见图2-159。

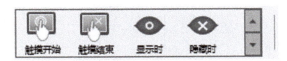

图2-159　图片对象的交互事件（触发）

图片对象的触发事件栏有【触摸开始】、【触摸结束】、【显示时】和【隐藏时】四个可选项。其中，【触摸开始】和【触摸结束】分别指电子书的阅读者开始触碰图片对象和触碰结束离开图片对象的时刻，这两个事件是由电子书的阅读者主动触发的；【显示时】

和【隐藏时】分别表示图片对象刚被显示和被隐藏的时刻，这两个事件多是由系统触发的，如图2-160所示。

图2-160　图片对象的交互事件（响应）

图片对象的响应事件栏有【显示】、【隐藏】和【页面跳转】三个可选项，其中【显示】和【隐藏】可以显示和隐藏图片对象；【页面跳转】可以控制当前页面跳转到指定的页面。

（3）音频对象

如图2-161所示，音频对象的触发事件栏有【显示时】、【隐藏时】、【播放声音】和【结束声音】四个可选项。其中，【显示时】和【隐藏时】分别表示音频对象刚被显示和被隐藏的时刻，这两个事件多是由系统触发的；【播放声音】和【结束声音】分别表示音频刚开始播放和音频停止播放的时刻，【播放声音】多是由用户发起的，而【结束声音】可以由用户在播放声音的过程中随时发起，也可以在声音播放结束后由系统自动发起。

图2-161　音频对象的交互事件（触发）

如图2-162所示，音频对象的响应事件栏有【显示】、【隐藏】、【播放声音】、【停止声音】和【页面跳转】五个可选项。其中【显示】和【隐藏】可以显示和隐藏音频对象；【播放声音】和【停止声音】可以控制音频对象中声音文件播放的开始和结束；【页面跳转】可以控制当前页面跳转到指定的页面。

图2-162　音频对象的交互事件（响应）

（4）视频对象

视频对象的触发事件栏有【显示时】、【隐藏时】、【播放视频】和【停止视频】四个可选项。如图2-163所示，【显示时】和【隐藏时】分别表示视频对象刚被显示和被隐藏的时刻，这两个事件多是由系统触发的；【播放视频】和【停止视频】分别表示视频刚

开始播放和视频停止播放的时刻，【播放视频】多是由用户发起的，而【停止视频】可以由用户在播放视频的过程中随时发起，也可以在视频播放结束后由系统自动发起。

图 2-163 视频对象的交互事件（触发）

如图 2-164 所示，视频对象的响应事件栏有【显示】、【隐藏】、【播放视频】、【停止视频】、【全屏】、【还原】和【页面跳转】七个可选项。其中【显示】和【隐藏】可以显示和隐藏视频对象；【播放视频】和【停止视频】可以控制视频对象中视频文件播放的开始和结束；【全屏】和【还原】可以控制视频全屏播放和窗口播放；【页面跳转】可以控制当前页面跳转到指定的页面。

图 2-164 视频对象的交互事件（响应）

（5）LBS 对象

如图 2-165 所示，LBS 对象的触发事件栏有【显示时】和【隐藏时】两个可选项。【显示时】和【隐藏时】分别表示 LBS 对象刚被显示和被隐藏的时刻，这两个事件多是由系统触发的。

图 2-165 LBS 对象的交互事件（触发）

如图 2-166 所示，LBS 对象的响应事件栏有【显示】、【隐藏】、【页面跳转】和【LBS 路线显示】四个可选项。其中【显示】和【隐藏】可以显示和隐藏 LBS 对象；【页面跳转】可以控制当前页面跳转到指定的页面；【LBS 路线显示】可以显示定位到目的地的详细路线。

图 2-166　LBS 对象的交互事件（响应）

（6）内嵌浏览器对象

如图 2-167 所示，内嵌浏览器对象的触发事件栏有【显示时】和【隐藏时】两个可选项。【显示时】和【隐藏时】分别表示内嵌浏览器对象刚被显示和被隐藏的时刻，这两个事件多是由系统触发的。

图 2-167　内嵌浏览器对象的交互事件（触发）

如图 2-168 所示，内嵌浏览器对象的响应事件栏有【显示】、【隐藏】、【URL 切换】和【页面跳转】四个可选项。其中【显示】和【隐藏】可以显示和隐藏内嵌浏览器对象；【URL 切换】可以切换内嵌浏览器的地址到一个新的网址,新网站设置界面如图 2-169 所示;【页面跳转】可以控制当前页面跳转到指定的页面。

图 2-168　内嵌浏览器对象的交互事件（响应）

图 2-169　设置 URL 切换的新网址

（7）360 度旋转对象

如图,2-170 所示,360 度旋转对象的触发事件栏有【显示时】和【隐藏时】两个可选项。【显示时】和【隐藏时】分别表示 360 度旋转对象刚被显示和被隐藏的时刻,这两个事件多是由系统触发的。

图 2-170　360 度旋转对象的交互事件（触发）

如图 2-171 所示，360 度旋转对象的响应事件栏有【显示】、【隐藏】和【页面跳转】三个可选项，其中【显示】和【隐藏】可以显示和隐藏 360 度旋转对象；【页面跳转】可以控制当前页面跳转到指定的页面。

图 2-171　360 度旋转对象的交互事件（响应）

（8）逐帧动画对象

如图 2-172 所示，逐帧动画对象的触发事件栏有【显示时】、【隐藏时】、【播放动画】和【停止动画】四个可选项。其中，【显示时】和【隐藏时】分别表示逐帧动画对象刚被显示和被隐藏的时刻，这两个事件多是由系统触发的；【播放动画】和【停止动画】分别表示逐帧动画刚开始播放和逐帧动画停止播放的时刻，【播放动画】多是由用户发起的，而【停止动画】可以由用户在播放动画的过程中随时发起，也可以在动画播放结束后由系统自动发起。

图 2-172　逐帧动画对象的交互事件（触发）

如图 2-173 所示，逐帧动画对象的响应事件栏有【显示】、【隐藏】、【播放动画】、【停止动画】、【全屏】、【还原】和【页面跳转】七个可选项。其中【显示】和【隐藏】可以显示和隐藏逐帧动画对象；【播放动画】和【停止动画】可以控制逐帧动画播放的开始和结束；【全屏】和【还原】可以控制逐帧动画全屏播放和窗口播放；【页面跳转】可以控制当前页面跳转到指定的页面。

图 2-173　逐帧动画对象的交互事件（响应）

（9）按钮对象

按钮对象的触发事件栏有【触摸开始】、【触摸结束】、【显示时】和【隐藏时】四个可选项。其中，【触摸开始】和【触摸结束】分别指电子书的阅读者开始触碰按钮对象和触碰结束离开按钮对象的时刻，这两个事件是需要由电子书的阅读者主动触发的；【显示时】和【隐藏时】分别表示按钮对象刚被显示和被隐藏的时刻，这两个事件多是由系统触发的（见图 2-174）。

图 2-174　按钮对象的交互事件（触发）

按钮对象的响应事件栏有【显示】、【隐藏】、【全局静音】和【页面跳转】四个可选项。其中【显示】和【隐藏】可以显示和隐藏按钮对象；【全局静音】可以控制电子书使其不再有声音输出；【页面跳转】可以控制当前页面跳转到指定的页面（见图 2-175）。

图 2-175　按钮对象的交互事件（响应）

（10）图片轮换对象

图片轮换对象的触发事件栏有【显示时】和【隐藏时】两个可选项（见图 2-176）。【显示时】和【隐藏时】分别表示图片轮换对象刚被显示和被隐藏的时刻，这两个事件多是由系统触发的。

图 2-176　图片轮换对象的交互事件（触发）

图片轮换对象的响应事件栏有【显示】、【隐藏】、【页面跳转】和【页面切换】四个可选项（见图 2-177）。其中【显示】和【隐藏】可以显示和隐藏图片轮换对象；【页

面跳转】可以控制当前页面跳转到指定的页面；【页面切换】可以切换图片轮换对象当前显示的图片，其设置框如图 2-178 所示。

图 2-177   图片轮换对象的交互事件（响应）

图 2-178   页面切换设置框

3. 交互事件添加实例

用户在添加交互事件的过程中，一方面需要考虑控件对象本身支持的事件种类，并对控件上的多个交互事件进行恰当的组合；另一方面也需要考虑交互事件添加的合理性，不能仅仅为了加强电子书操作的丰富性，而失去电子书阅读过程应有的通俗易懂。总的来说，电子书的内容应该不失简易性和连贯性，交互事件的添加也应该遵从这条基本原则。下面介绍几种典型的交互事件的添加过程，以供用户参考。

（1）触摸图片时页面跳转

① 选择【交互】菜单或者使用快捷键【Alt+M】。

② 左键单击选中图片对象。

③ 查看其支持的触发事件，并选择【触摸开始】。

④ 单击【对象】按钮，在弹出的对象选择框中选择该图片（见图 2-179）。

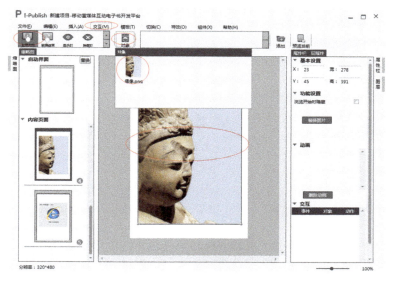

图 2-179　选择触发事件和对象

⑤ 查看其支持的响应事件，选择【页面跳转】后，弹出页面选择框，它包含了该项目中所有页面的缩略图（见图 2-180）。

⑥ 选择要跳转到的页面的缩略图，并在右侧查看其展示效果，然后单击【确定】按钮。

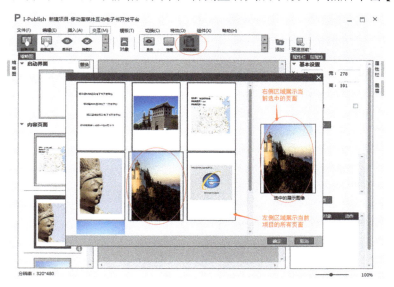

图 2-180　选择并设置响应事件

⑦ 单击【添加】按钮，交互事件"触摸图片时页面跳转"就添加完成了。

⑧ 打开该图片对象的【属性栏】窗口，在其【交互】栏下可以看到刚添加的交互事件的详细内容，其触发事件为"触摸"、控件对象为该图片对象、响应动作为"页面跳转"（见图 2-181）。

图 2-181　添加交互事件并查看

（2）播放视频时全屏，播放结束后返回窗口模式

① 选择【交互】菜单或者使用快捷键【Alt+M】。

② 左键单击选中视频对象。

③ 查看其支持的触发事件，并选择【播放视频】。

④ 单击【对象】按钮，在弹出的对象选择框中选择该视频对象，如图 2-182 所示。

⑤ 查看其支持的响应事件，选择【全屏】。

⑥ 单击【添加】按钮，交互事件"播放视频时全屏"就添加完成了，如图 2-183 所示。

⑦ 此时视频仍处于选中状态，在触发事件栏选择【停止视频】。

⑧ 在响应事件栏选择【还原】。

⑨ 单击【添加】按钮，交互事件"结束播放时还原成窗口"就添加完成了。

⑩ 打开该视频对象的【属性栏】窗口，在其【交互】栏下可以看到刚添加的两个交互事件的详细内容：第一个交互事件的触发事件为"视频开始"、控件对象为该视频对象、

响应动作为"全屏";第二个交互事件的触发事件为"视频结束"、控件对象为该视频对象、响应动作为"还原",如图 2-184 所示。

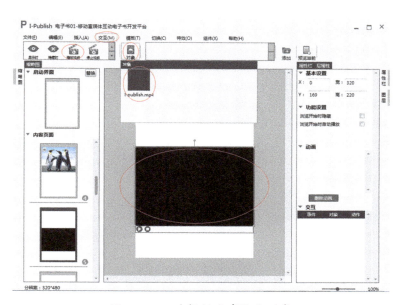

图 2-182　选择触发事件和对象

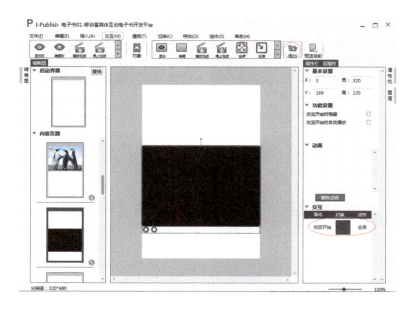

图 2-183　选择响应动作并完成事件添加

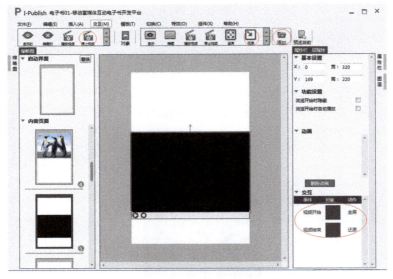

图 2-184　添加第二个交互事件并查看

2.4.2　删除交互事件

当用户发现之前添加的交互事件并没有满足预先的需求时，可以通过属性栏窗口中的交互栏来删除指定的交互事件。

01 选中控件对象。

02 打开【属性栏】窗口。

03 在【交互】栏下，单击选择需要删除的交互事件项。

04 单击下方的【删除交互】按钮，即可删除该交互事件，如图 2-185 所示。

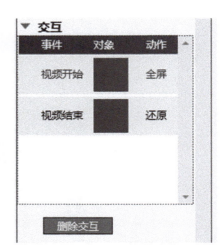

图 2-185　通过【属性栏】删除交互事件

特 别 提 示

I-Publish 的交互事件添加完成后无法对其进行二次编辑，故当交互事件未达到预期的效果时只能删除后重新添加。

2.4.3　预览交互效果

当控件对象的交互事件添加完成后，用户应该通过【交互】菜单中的【预览当前】菜单项来及时查看其效果（图 2-186）。如果发现交互效果不理想，可以立刻着手修改。

预览当前

图 2-186　交互菜单预览当前图标

2.5　【模板】菜单

I-Publish 提供的【模板】菜单可以让用户快速地搭建电子书的部分样式。它就像 I-Publish 的工具包，通过【模板】菜单可以设置电子书的翻页效果、首页、上一页、下一页、目录、背景音乐、帮助、按钮样式、页面布局等诸多内容。因而，【模板】菜单极大地提高了用户的工作效率。【模板】菜单不仅给用户提供了六种常用的模板，而且还提供了管理模板的常用工具。调用【模板】菜单的快捷键【Alt + T】。

特 别 提 示

模板

模板提供了快速开发的原型框架，它是前人开发经验的总结，以方便后人使用。用户在开发 I-Publish 电子书的过程中，应该优先考虑使用模板提供的功能。

2.5.1 导入模板

I-Publish 内置的模板是有限的，无法满足不同用户定制化的需求。因此，【模板】菜单提供了【导入模板】的功能（见图 2-187）。使用【导入模板】功能，可以将用户指定的模板文件导入 I-Publish 软件中以供使用。

图 2-187　导入模板图标

01　选择【模板】菜单项或者使用快捷键【Alt + T】。
02　单击【导入模板】按钮。
03　在弹出的文件选择对话框中，选择合适的文件路径，并选中一个模板文件。
04　单击【打开】按钮，即可完成模板的导入。

特 别 提 示

I-Publish 系统支持的模板文件的后缀名必须是"tml"，即 template 的简称。

管理模板

　　目前，I-Publish 软件针对主流的系统平台，提供了六种模板方案，它们分别是"iPad竖版""iPad 横版""iPhone 竖版""iPhone 横版""Android 竖版""Android 横版"。随着西安曲江出版传媒股份有限公司对 I-Publish 软件的升级，会逐渐加入更多的默认模板方案供用户使用。在此之前，用户可以通过【模板】菜单中的【功能设置】按钮来新建模板，也可以通过【导入模板】按钮来导入提前准备好的模板文件（图 2-188）。

图 2-188　模板管理图标

　　选择【模板】菜单后，单击【模板管理】按钮进入模板的综合管理页面，通过该页面可以对当前系统中所有的模板进行管理，包括模板的修改、删除、另存、导入、导出、应用等（图 2-189）。

图 2-189　模板综合管理页面

1. 导入 / 导出模板

在模板综合管理页面的左下角有【导入模板】和【导出模板】两个功能按钮。其中，通过【导入模板】功能，可以导入已有的模板文件；通过【导出模板】功能，可以把已经创建好的模板导出为".tml"文件存放在系统磁盘里。

（1）导入模板

01 单击【导入模板】按钮。

02 在弹出的文件选择对话框中，选择合适的文件路径，并选中一个模板文件。

03 单击【打开】按钮，即可完成模板的导入。

（2）导出模板

01 单击【导出模板】按钮。

02 在弹出的文件对话框中，选择合适的保存模板文件的路径。

03 输入文件名，如"模板.tml"，如图 2–190 所示。

图 2–190　选择文件路径并键入文件名

04 单击【保存】按钮。

05 保存成功后，系统会弹出"导出成功"提示框，如图 2–191 所示。

图 2-191　导出模板成功

2. 编辑 / 删除 / 应用模板

在模板综合管理页面的右下角有【编辑模板】、【删除模板】和【应用模板】三个功能按钮。其中【编辑模板】功能用于修改系统中已有的模板，编辑模板的具体操作参考本章 2.5.3 小节；【删除模板】功能用于清理系统中不再需要的模板；【应用模板】功能用于应用一个选中的模板到当前项目中。

（1）删除模板

01 选中需要删除的模板项。

02 单击【删除模板】按钮。

03 在弹出的提示框中，单击【是（Y）】按钮，即可完成模板删除；如用户此时不想删除该模板，单击【否（N）】按钮（如图 2-192 和图 2-193 所示）。

图 2-192　删除模板提示框

图 2-193　模板应用成功提示框

（2）应用模板

01 选中需要应用的模板项。

02 单击【应用模板】按钮。

03 模板应用成功后，系统会弹出应用成功的提示框，如图 2-193 所示。另外应用模板还有更快捷的方式，详见本章 2.5.4 小节。

2.5.3　功能设置

　　【模板】菜单的【功能设置】按钮如图 2-194 所示，它用于编辑和新建模板，其操作面板如图 2-195 所示。

图 2-194　功能设置图标

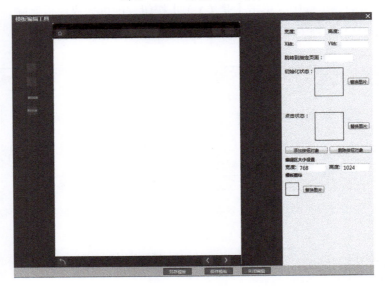

图 2-195　功能设置子面板

01 单击【功能设置】按钮对当前模板进行编辑。

02 在模板编辑工具框中，左边为图形界面，右边为属性界面。

03 在图形界面中，每一个按钮都是一个对象（包括背景），因此我们可以通过鼠标单击拖动的方式，把这些按钮进行合理的摆放，对整个页面进行粗略的布局。

04 当有了一个大致的布局后，可以通过右边的属性栏，对每一个按钮的大小、位置、功能、显示效果进行具体的设置。

（1）宽度、高度：按钮的大小属性，单位为像素。

（2）X 轴、Y 轴：按钮在页面中相对于页面左上角的位置，单位为像素。

（3）跳转到指定页面：当单击该按钮时，触发页面跳转事件。

（4）初始化状态、单击状态：为了使按钮在单击时更加逼真，可以使用两幅不同的图片来设置按钮单击前的默认状态和单击后的状态。

05 除了系统提供的默认按钮外，用户还可以根据需求添加自定义的按钮。

06 编辑区大小设置是指整个页面的大小，通常根据移动设备的显示分辨率来确定，该属性在确定了应用的使用平台后，通常不会改变。除此之外，该大小还控制了 X 轴和 Y 轴的绝对位置，即 X 轴和 Y 轴的大小不能超过该区域范围，否则就无法显示了。

07 当用户对系统提供的默认模板背景图片不满意时，可以选择指定的图片文件作为其模板背景来使用。

08 模板设计好之后，需要单击【保存模板】按钮，才能把设计好的模板保存到系统模板列表中。

2.5.4 模板应用

模板应用即选中一个已有的模板，然后将其作用到当前项目中。在【模板】菜单的最右侧有一排模板的快捷使用列表，它提供了【iPad 竖版】、【iPad 横版】、【iPhone 竖版】、【iPhone 横版】、【Android 竖版】和【Android 横版】六个常用模板。当用户需要使用系统提供的这六个模板中的某一个时，单击对应的模板按钮即可，如图 2-196 所示。

（a）可选模板 1　　　　　（b）可选模板 2

图 2-196　模板快速应用区

01 选中需要设置模板的页面。

02 在模板快捷选择栏中单击想要设置的模板。

03 系统弹出应用成功的提示框，则表示模板应用成功，如图 2-197 所示。

图 2-197　快速应用成功提示框

2.6 【切换】菜单

切换菜单的主要功能有项目预览、设置翻页特效和设置背景音乐。如图 2-198 所示，调用【切换】菜单的快捷键【Alt + C】。

图 2-198　切换菜单

2.6.1 翻页效果设置

翻页效果即电子书页面切换时展示的效果。I-Publish 的【切换】菜单提供了五种翻页效果：【书页翻页】、【立体翻页】、【缩放翻页】、【平移翻页】和【反向翻页】。用户可以根据实际需求为每个页面设置不同的翻页效果，也可以为所有页面设置统一的翻页效果。

01 书页翻页：像真实翻书一样的翻页效果，如图 2-199 所示。

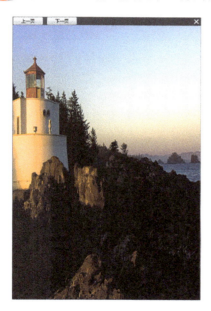

（a）翻页前　　　　　　　　　　　　　（b）翻页中

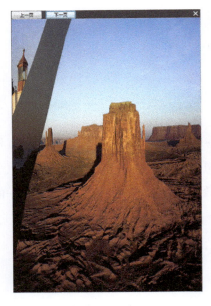

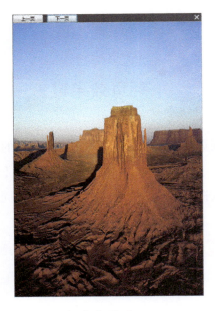

（c）翻页中　　　　　　　　　　　（d）翻页后

图 2-199　书页翻页效果

02 立体翻页：像魔方旋转一样的翻页效果，如图 2-200 所示。

（a）翻页前　　　　　　　　　　　（b）翻页中

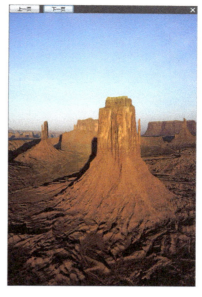

（c）翻页中　　　　　　　　　　　（e）翻页后

图 2-200　立体翻页效果

03 缩放翻页：上一页逐渐淡出，下一页逐渐淡入，如图 2-201 所示。

（a）翻页前　　　　　　　　　　　（b）翻页中（淡出）

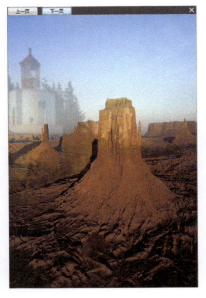

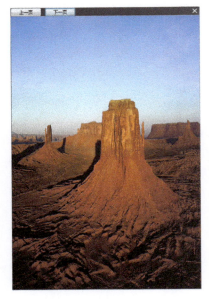

（c）翻页中（淡入）　　　　　　　　（e）翻页后

图 2-201　缩放翻页效果

04 平移翻页：下一页由左向右水平飞入，覆盖上一页，如图 2-202 所示。

（a）翻页前　　　　　　　　　　　（b）翻页中

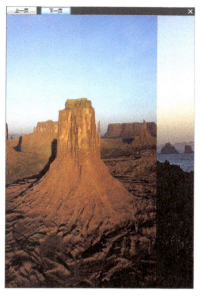
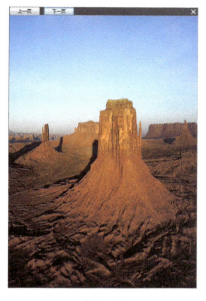

（c）翻页中　　　　　　　　　　　　　（d）翻页后

图 2-202　平移翻页效果

05 反向翻页：下一页从左至右逐渐铺开，覆盖上一页，如图 2-203 所示。

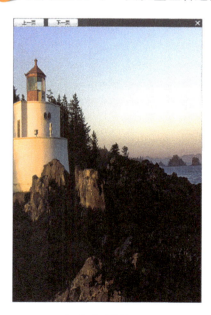
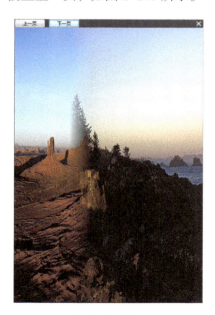

（a）翻页前　　　　　　　　　　　　　（b）翻页中

153

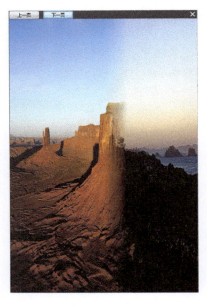
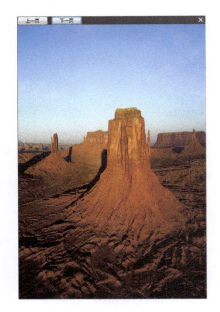

（a）翻页中　　　　　　　　　　　　　（b）翻页后

图 2-203　反向翻页效果

　　当用户需要选择某一种翻页方式时，只要在【切换】菜单单击选中该翻页方式即可，应用成功后系统会弹出应用成功提示框，如图 2-204 所示。

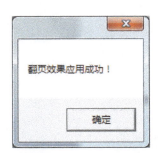

图 2-204　翻页效果应用成功提示框

2.6.2 背景音乐设置

【切换】菜单提供了在当前页面中插入背景音乐的快捷按钮，如图 2-205 所示。背景音乐支持 MP3 格式的声音文件。

图 2-205　背景音乐设置图标

01 进入需要设置背景音乐的页面，选择【切换】菜单项或者使用快捷键【Alt + C】。

02 单击【背景音乐】按钮。

03 在弹出的文件对话框中，选择合适的文件路径，并选中准备好的声音文件（图 2-206）。

图 2-206　选择声音文件

04 单击【打开】按钮，即可完成背景音乐的设置。

05 打开页面的【属性栏】窗口，在其【页面声音】栏下可以查看刚才设置的背景音乐、删除背景音乐、重新设置背景音乐、设置声音播放次数以及设置是否自动翻页，如图 2-207 所示。

06 单击【删除背景音乐】按钮就会删除当前的背景音乐（图 2-208）。

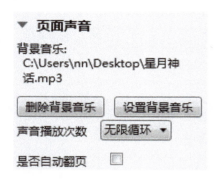 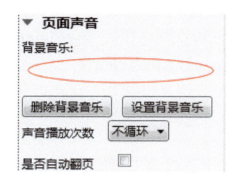

图 2-207　页面属性栏窗口中的页面声音栏　　　　图 2-208　删除背景音乐

07 单击【设置背景音乐】按钮，在弹出的文件选择框中，选择合适的文件路径，选中声音文件，然后单击【打开】按钮重新添加背景音乐。之后，用户可以在页面声音栏目下看到刚添加的声音文件的完整路径以及文件名，如图 2-209 所示。

08 单击【声音播放次数】下拉框，设置背景音乐的播放次数，默认情况下是"不循环"，用户也可以根据需求选择"无限循环"、"播放一次"或者"播放两次"，如图 2-210 所示。

图 2-209　通过【属性栏】重新设置背景音乐　　　　图 2-210　声音播放次数

09 勾选【是否自动翻页】复选框，可以设置页面自动翻页，默认情况下不勾选。

2.6.3　预览效果

当完成了切换效果和背景音乐的设置后，用户可以通过单击【预览】按钮来查看效果是否符合之前的预期，通过选择【切换】菜单 ➜ 单击【预览】按钮。

2.7 【特效】菜单

为使电子书更加酷炫，增强电子书的视觉效果，用户除了插入各种多媒体信息外，还可以使用【特效】菜单。【特效】菜单主要用于设置控件进入页面的方式，在页面中强调显示的方式以及退出页面的方式。调用【特效】菜单的快捷键【Alt + O】。

2.7.1　视觉特效

特效主要分为三类：进入特效、强调特效和退出特效，如图 2-211 所示。

进入特效：当页面中的控件需要出现时，它出现的方式。

强调特效：当页面中的控件需要特别强调的时候，它强调的方式。

退出特效：当页面中的控件需要消失时，它消失的方式。

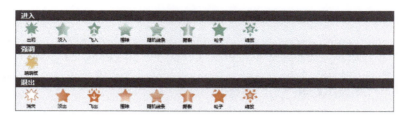

图 2-211　特效选择栏

I-Publish 系统为用户提供了丰富多彩的特效，具体包括以下类型：

1.　进入特效：包括出现、淡入、飞入、擦除、随机线条、劈裂、轮子、缩放。

01　出现：直接出现在指定的位置。

02　淡入：由浅至深在对象放置的位置逐渐变清晰。

03　飞入：从屏幕四周的某一个方向飞到指定位置。

04　擦除：在指定位置像用橡皮时的轨迹一样，逐渐让对象在指定位置出现。

05　随机线条：在指定位置以随机线条的形式逐渐变清晰。

06　劈裂：对象以指定的方向朝上下或左右的形式展开。

07　轮子：以 360 度旋转的形式使图片呈现出来。

08　缩放：由小到大以放大的形式呈现。

2.　强调特效：跷跷板。

跷跷板：指定对象左右晃动以增加用户的关注度。

3.　退出特效：包括消失、淡出、飞出、擦除、随机线条、劈裂、轮子、缩放。

01　消失：直接在指定位置消失。

02　淡出：由深至浅在对象放置的位置逐渐变模糊，最后消失。

03　飞出：对象从屏幕四周的某一个方向飞出。

04　擦除：在指定位置像用橡皮时的轨迹一样，逐渐让对象在指定位置消失。

05　随机线条：在指定位置以随机线条的形式逐渐变模糊，直至消失。

06　劈裂：对象以指定的方向朝上下或左右的形式收拢。

07　轮子：以 360 度旋转的形式使图片消失。

08 缩放：由大到小以缩小的形式消失。

2.7.2　方向设置

方向设置主要是为一些特效服务，不同的特效具有不同的方向属性，这些特效的方向属性使得特效更具多样性。

下面逐一列出每种特效所具有的方向属性：

01 出现／消失：无方向。

02 淡入／淡出：无方向。

03 飞入／飞出：如图 2-212 所示。

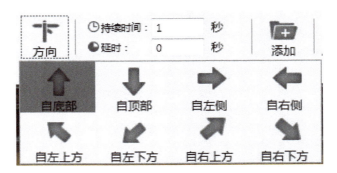

图 2-212　飞入／飞出方向

04 擦除如图 2-213 所示。

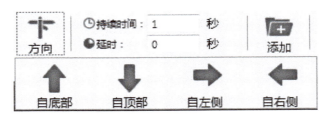

图 2-213　擦除方向

05 随机线条如图 2-214 所示。

图 2-214　随机线条方向

06 劈裂如图 2-215 所示。

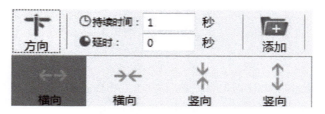

图 2-215　劈裂方向

07 轮子如图 2-216 所示。

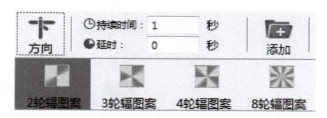

图 2-216　轮子方向

08 缩放：无方向。

09 跷跷板：无方向。

2.7.3 持续时间与延时设置

除了方向属性外，特效还有一个很特别的属性，那就是持续时间和延时，它们以秒为基本单位（图2-217）。

持续时间：顾名思义就是特效从开始到结束所经历的总时间。有时用户为了让页面元素保持神秘感，可以为其添加一个特效并慢慢生效，这时就需要设置一个较长的持续时间；而有时用户为了让读者快节奏地接受页面元素中蕴含的信息，也可以设置一个较短的持续时间。

延时：延时的作用是为了配合特效的先后顺序。比如用户需要特效以一定的顺序有序地展示出来，这时就需要用到延时属性。

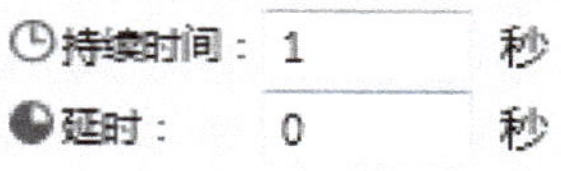

图 2-217 持续时间和延时

举例说明持续时间与延时设置的一般情况：

假设目前有 A 特效和 B 特效两个特效，用户需要在 A 特效完全结束时，才开始进行 B 特效的展示。这时如果 A 特效从第 0 秒开始计算，且 A 特效的持续时间为 3 秒，为了满足刚才的要求，用户就需要把 B 特效的延时属性设置为 3 秒。如果 A 特效是从第 5 秒开始计算，且 A 特效的持续时间依然为 3 秒，B 特效的延时属性就应该设置为 8 秒。

2.7.4 特效的添加、删除与预览

1. 添加特效

在了解了视觉特效、方向设置以及持续时间与延时设置之后，用户就可以完成目标对象的特效设置了，具体步骤如下：

01 单击选中要设置特效的控件，选择【特效】菜单或者使用快捷键【Alt + O】。

02 在【特效选择栏】选中一种特效类型。

03 单击【方向】按钮，在弹出的方向选择列表中选择一种方向属性（如无方向属性可以忽略该步骤）。

04 设置特效的【持续时间】和【延时】。

05 单击【添加】按钮即可完成特效的添加。

至此已经完成了特效的添加。用户也可以为一个对象组合设置多个特效。比如，当对象刚出现的时候采用一个特效出现；当对象需要消失时，采用另一个特效消失。

2. 删除特效

特效添加完成后，用户可以在控件的【属性栏】窗口中的【动画】栏下查看当前已经添加的特效以及删除指定的特效。

01 选中控件。

02 打开控件的【属性栏】窗口。

03 在【动画】栏下查看控件上已经添加的特效，如图 2-218 所示。

04 选择其中一个特效，单击【删除动画】按钮即可删除该特效。

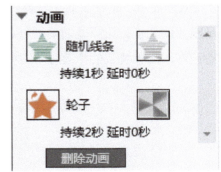

图 2-218　【属性栏】窗口中的动画栏

3. 预览特效

当完成了所有特效的设置时，可以通过单击【特效】菜单的【从头预览】按钮来逐一观看特效的展示效果，以便用户发现不满足自己要求的特效。这种情况下用户需要删除该特效，并重新添加想要的特效。

2.8 【组件】菜单

I-Publish 的【组件】菜单为用户提供了很多能有效处理图片信息的组件，通过这些组件可以让页面中的图片信息更加丰富且更具表现力，具体包括：【3D 旋转效果】、【弹出效果】、【渐变展示】、【平移移动】、【水平划动】、【拉出效果】和【多张页面效果】。调用【组件】菜单的快捷键【Alt+X】。

知 识 窗

组件

组件通常是指对一些简单元素的封装，以更高的形式呈现的一种东西。

2.8.1 3D 旋转效果

【3D 旋转效果】组件可以为图片添加围绕其纵向对称轴进行旋转的动态效果，其使用步骤如下：

特 别 提 示

目前，I-Publish 的 3D 旋转效果组件只支持 png 和 jpg 格式的图片文件，有关图片格式的知识可以查看附录。

01 单击【组件】菜单项或者使用快捷键【Alt+X】。

02 单击【3D 旋转效果】按钮。

03 弹出编辑图片子页面，如图 2-219 所示。

04 单击子页面中的【+】按钮，在弹出的文件选择对话框中选择需要的图片文件，然后单击【打开】按钮即可将选中的图片文件添加到子页面中。用户也可以在子页面右侧的【当前展示效果】栏下查看当前的展示效果，在【所有展示效果】栏下重新设置展示效果，如图 2-220 所示。

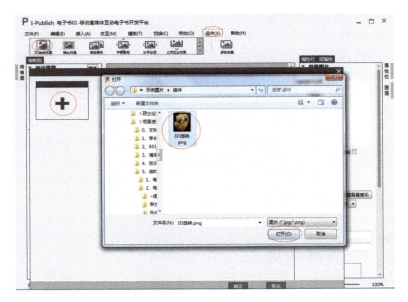

图 2-219　添加 3D 旋转效果图片

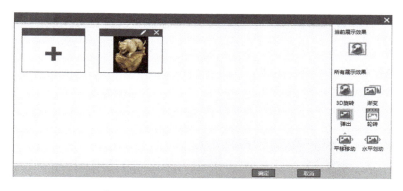

图 2-220 子页面上的 3D 旋转图片

05 如图 2-221 所示，已添加到子页面中的图片文件的右上方有两个按钮，分别是【✐】按钮和【✖】按钮，用于修改图片和删除图片。

图 2-221 3D 旋转图片

06 单击子页面上的【确定】按钮，3D 旋转效果就添加完成了，如图 2-222 所示。

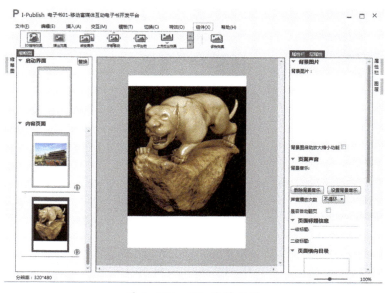

图 2-222 3D 旋转效果

07 单击 3D 旋转效果组件，通过其【属性栏】窗口设置相关属性，如图 2-223 所示。由于 3D 旋转效果组件是应用在图片轮转控件上的，故其属性栏与图片轮转控件一致，具体操作用户可以参考本章 2.3.9 小节。

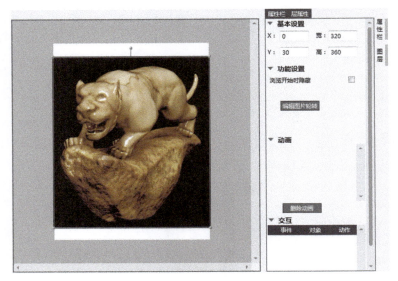

图 2-223　3D 旋转效果组件【属性栏】

08 之后用户可以通过 I-Publish 提供的预览功能查看 3D 旋转效果。在预览界面，用户单击该图片控件就会触发图片的 3D 旋转，如图 2-224 所示。

 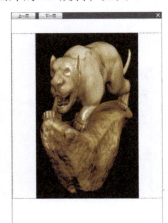 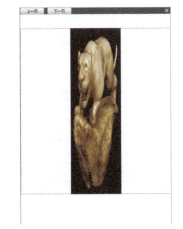

　(a) 无旋转　　　　　　　　(b) 旋转 30 度　　　　　　　(c) 旋转 60 度

图 2-224　预览 3D 旋转效果

2.8.2 弹出效果

【弹出效果】组件可以让多张图片通过弹出的形式进行切换，其使用步骤如下：

01 单击【组件】菜单项或者使用快捷键【Alt+X】。

02 单击【弹出效果】按钮。

03 弹出编辑图片子页面，如图 2-225 所示。

04 单击子页面中的【+】按钮，在弹出的文件选择对话框中选择需要的图片文件，然后单击【打开】按钮即可将选中的图片文件添加到子页面中。用户也可以在子页面右侧的【当前展示效果】栏下查看当前的展示效果，在【所有展示效果】栏下重新设置展示效果，如图 2-226 所示。

图 2-225　添加弹出效果图片

特 别 提 示

目前，I-Publish 的弹出效果组件只支持 png 和 jpg 格式的图片文件，有关图片格式的知识可以查看附录。

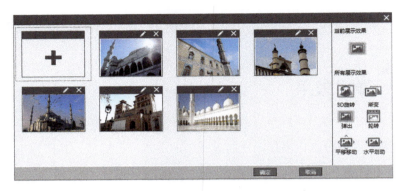

图 2-226　子页面上的弹出效果图片

05 如图 2-227 所示，已添加到子页面中的每张图片文件的右上方都有两个按钮，分别是【✐】按钮和【✖】按钮，用于修改图片和删除图片。

图 2-227　弹出效果图片

06 单击子页面上的【确定】按钮，弹出效果就添加完成了，控件默认显示它包含的第一张图片，如图 2-228 所示。

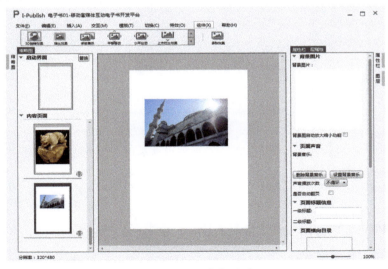

图 2-228　弹出效果

07 单击弹出效果组件，通过其【属性栏】窗口设置相关属性，如图 2-229 所示。由于弹出效果组件是应用在图片轮转控件上的，故其属性栏与图片轮转控件一致，具体操作用户可以参考本章 2.3.9 小节。

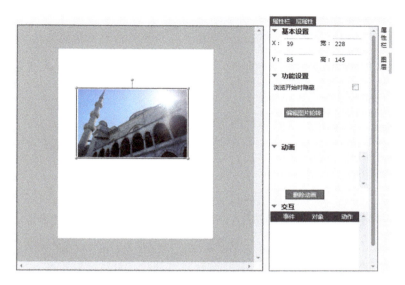

图 2-229　弹出效果组件【属性栏】

08 之后用户可以通过 I-Publish 提供的预览功能查看弹出效果。在预览界面，用户单击该图片控件就会触发图片的循环弹出，图片的弹出顺序与添加的顺序一致，如图 2-230 所示。

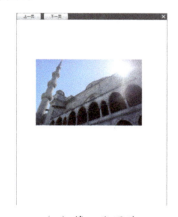
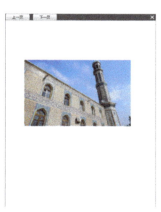
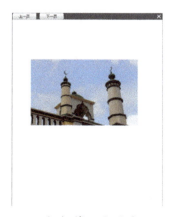

（a）第一张图片　　　　　（b）第二张图片　　　　　（c）第三张图片

图 2-230　预览弹出效果

2.8.3 渐变展示

【渐变展示】组件可以让多张图片在进行切换时，呈现出图片逐渐淡入和逐渐淡出的动态效果，其使用步骤如下：

01 单击【组件】菜单项或者使用快捷键【Alt+X】。

02 单击【渐变展示】按钮。

03 弹出编辑图片子页面，如图 2-231 所示。

04 单击子页面中的【+】按钮，在弹出的文件选择对话框中选择需要的图片文件，然后单击【打开】按钮即可将选中的图片文件添加到子页面中。用户也可以在子页面右侧的"当前展示效果"栏下查看当前的展示效果，在"所有展示效果"栏下重新设置展示效果，如图 2-232 所示。

特 别 提 示

目前，I-Publish 的渐变展示组件只支持 png 和 jpg 格式的图片文件，有关图片格式的知识可以查看附录。

图 2-231 添加渐变展示图片

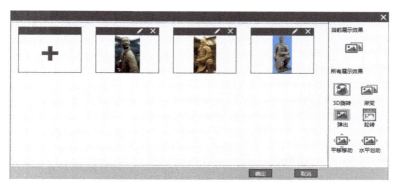

图 2-232　子页面上的渐变展示图片

05 如图 2-233 所示，已添加到子页面中的每张图片文件的右上方都有两个按钮，分别是【✎】按钮和【✖】按钮，用于修改图片和删除图片。

图 2-233　单张渐变展示图片

06 单击子页面上的【确定】按钮，渐变展示就添加完成了，控件默认显示它包含的第一张图片，如图 2-234 所示。

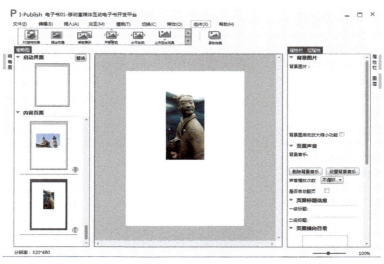

图 2-234　渐变展示

07 单击渐变展示组件，通过其【属性栏】窗口设置相关属性，如图 2-235 所示。由于渐变展示组件是应用在图片轮转控件上的，故其属性栏与图片轮转控件一致，具体操作用户可以参考本章 2.3.9 小节。

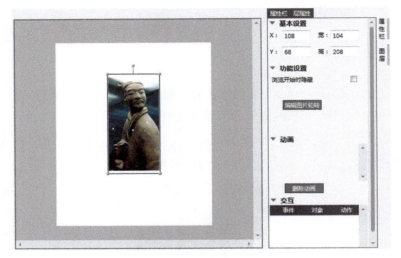

图 2-235　渐变展示组件【属性栏】

08 之后用户可以通过 I-Publish 提供的预览功能查看渐变展示的效果。在预览界面，用户单击该图片控件就会触发图片的逐渐淡入和逐渐淡出，图片切换的顺序与之前添加的顺序一致，如图 2-236 所示。

 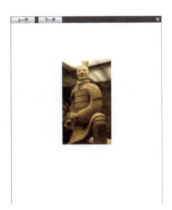 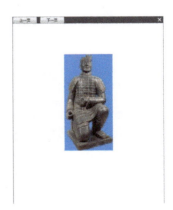

　（a）第一张图片　　　　　（b）第二张图片　　　　　（c）第三张图片

图 2-236　预览渐变展示效果

2.8.4 平移移动

当 I–Publish 的用户需要在电子书中添加一张较大的图片而没有足够的空间时，可以使用【平移移动】组件。【平移移动】组件可以让一张较大的图片在一个较小的空间内通过上下移动和左右拖动来观看，其使用步骤如下：

01 单击【组件】菜单项或者使用快捷键【Alt+X】。

02 单击【平移移动】按钮。

03 弹出编辑图片子页面。

04 单击子页面中的【+】按钮，在弹出的文件选择对话框中选择需要的图片文件，然后单击【打开】按钮即可将选中的图片文件添加到子页面中。用户也可以在子页面右侧的"当前展示效果"栏下查看当前的展示效果，在"所有展示效果"栏下重新设置展示效果，如图 2-237 和图 2-238 所示。

特 别 提 示

目前，I–Publish 的平移移动组件只支持 png 和 jpg 格式的图片文件，有关图片格式的知识可以查看附录。

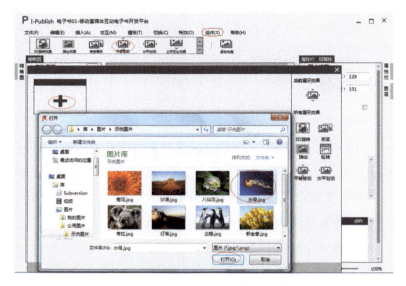

图 2-237　添加平移移动图片

图 2-238　子页面上的平移移动图片

05 如图 2-239 所示,已添加到子页面中的图片文件的右上方有两个按钮,分别是
【✎】按钮和【✖】按钮,用于修改图片和删除图片。

图 2-239　平移移动图片

06 单击子页面上的【确定】按钮，平移移动就添加完成了，如图 2-240 所示。从图中可以看出图片大小超过了页面的空间大小，因而页面只能展示图片的一部分内容。

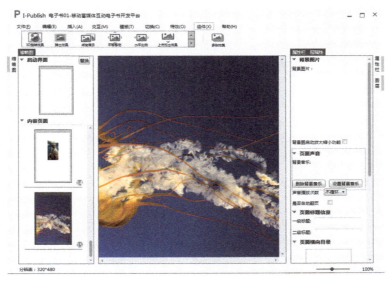

图 2-240　平移移动

07 单击平移移动组件，通过其【属性栏】窗口设置相关属性，如图 2-241 所示。由于平移移动组件是应用在图片轮转控件上的，故其属性栏与图片轮转控件一致，具体操作用户可以参考本章 2.3.9 小节。

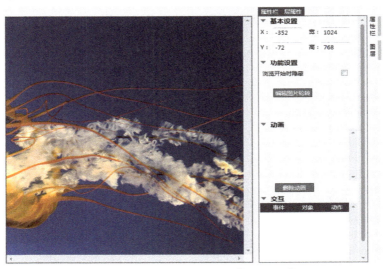

图 2-241　平移移动组件【属性栏】

08 之后用户可以通过 I-Publish 提供的预览功能查看平移移动的效果。在预览界面，可以看到该图片控件有上下和左右两个滑动条，用户可以通过上下拉动和左右滑动来观看图片的全貌，如图 2-242 所示。

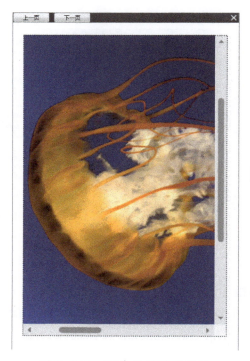

图 2-242　预览平移移动效果

2.8.5　水平划动

当 I-Publish 的用户需要将多张图片合并成一张图片，通过水平划动来浏览时，可以使用【水平划动】组件。【水平划动】组件让用户在触摸屏上通过水平划动手指就可以观看多幅图片，其使用步骤如下：

01 单击【组件】菜单项或者使用快捷键【Alt+X】。

02 单击【水平划动】按钮。

03 弹出编辑图片子页面，如图 2-243 所示。

04 单击子页面中的【+】按钮，在弹出的文件选择对话框中选择需要的图片文件，然后单击【打开】按钮即可将选中的图片文件添加到子页面中。用户也可以在子页面右侧的"当前展示效果"栏下查看当前的展示效果，在"所有展示效果"栏下重新设置展示效果，如图 2-244 所示。

特 别 提 示

目前，I-Publish 的水平划动组件只支持 png 和 jpg 格式的图片文件，有关图片格式的知识可以查看附录。

图 2-243 添加水平划动图片

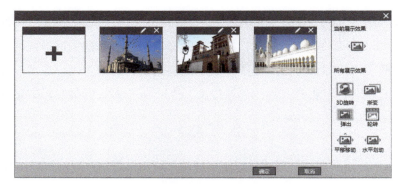

图 2-244　子页面上的水平划动图片

05 如图 2-245 所示，已添加到子页面中的每张图片文件的右上方都有两个按钮，分别是【✐】按钮和【✖】按钮，用于修改图片和删除图片。

图 2-245　单张水平划动图片

06 单击子页面上的【确定】按钮，水平划动就添加完成了，如图 2-246 所示。从图中可以看到之前添加的三张图片被整合成了一张水平方向的长图。

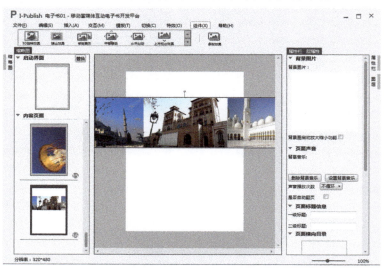

图 2-246　水平划动

07 单击水平划动组件，通过其【属性栏】窗口设置相关属性，如改变水平划动组件的位置、大小，设置是否在浏览开始时隐藏，编辑水平划动，查看、删除动画以及查看、删除交互事件等。水平划动组件的【属性栏】窗口如图 2-247 所示。

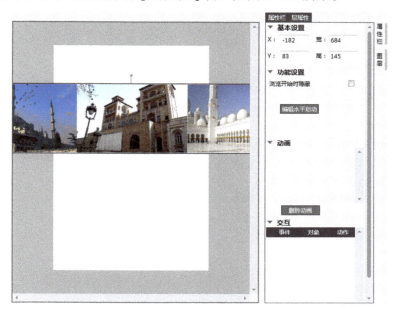

图 2-247 水平划动组件【属性栏】窗口

① 基本设置

基本设置栏中【X】、【Y】用来设置水平划动组件左上角到页面左上角的距离，单位是像素；【宽】、【高】用来设置水平划动组件的大小，单位也是像素。

② 功能设置

功能设置栏中【浏览开始时隐藏】复选框用于控制页面刚被加载时水平划动组件是否隐藏，默认情况下不选中，即水平划动组件立即显示；【编辑水平划动】按钮用于编辑水平划动组件，单击该按钮将调出水平划动组件的编辑图片子页面，以便用户修改或添加组件中的图片。

③ 动画

动画栏中可以查看用户在水平划动组件上添加的动画效果，其中【删除动画】按钮可以删除水平划动组件上的动画效果。

④ 交互

通过交互栏可以查看用户在水平划动组件上添加的交互事件及其详细内容，包括触发事件、对象和响应动作，也可以删除水平划动组件上指定的交互事件。

08 之后用户可以通过 I-Publish 提供的预览功能查看水平划动的效果，如图 2-248 所示。在预览界面，可以看出三张图片组成了一个连续的整体，用户可以通过水平划动手势连续地观看三张图片。

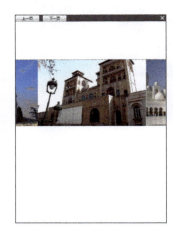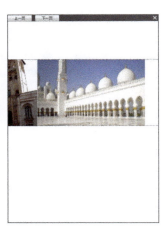

（a）向右划动手势查看左侧图片　　　（b）不划动　　（c）向左划动手势查看右侧图片

图 2-248　预览水平划动效果

2.8.6　拉出效果

I-Publish 的【拉出效果】提供了这样一种功能：页面刚载入时，拉出框是空白的并没有内容，用户可以通过拉出的方式，将藏在页面中的隐藏元素拖出，隐藏元素由图片和文字组成。拉出效果包括【上方拉出效果】、【下方拉出效果】、【左方拉出效果】和【右方拉出效果】四种，它们分别提供从上、下、左、右四个方向拉出隐藏元素的效果。

180 ■

1. 上方拉出效果

【上方拉出效果】的拉出框的隐藏元素藏在拉出框上方，用户可以通过下拉拉出框的滑块将隐藏元素拖出。创建上方拉出效果的步骤如下：

01 单击【组件】菜单项或者使用快捷键【Alt+X】。

02 单击【上方拉出效果】按钮将会在页面中创建一个空白的上方拉出框控件，如图 2-249 所示。控件上方向上的三角形图标指示了控件的隐藏元素的位置在控件的上方，拉出框的背景默认为白色。

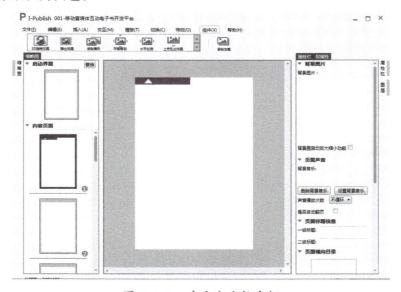

图 2-249　空白上方拉出框

03 单击上方拉出框控件，打开【属性栏】窗口对其进行编辑，如改变上方拉出框的位置、大小，设置是否在浏览开始时隐藏，编辑下拉框，查看、删除动画以及查看、删除交互事件等。上方拉出框的【属性栏】窗口如图 2-250 所示。

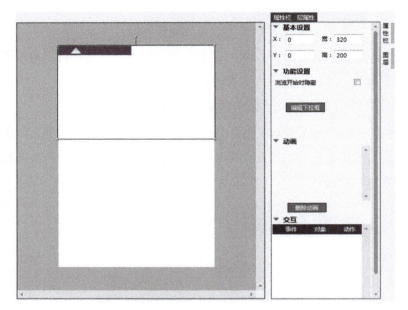

图 2-250　上方拉出框【属性栏】窗口

① 基本设置

基本设置栏中【X】、【Y】用来设置上方拉出框左上角到页面左上角的距离，单位是像素；【宽】、【高】用来设置上方拉出框的大小，单位也是像素。

② 功能设置

功能设置栏中【浏览开始时隐藏】复选框用于控制页面刚被加载时上方拉出框是否隐藏，默认情况下不选中，即上方拉出框立即显示；【编辑下拉框】按钮用于编辑上方拉出框，单击该按钮将调出上方拉出框编辑子页面，以便用户对其进行修改。

③ 动画

动画栏中可以查看用户在上方拉出框上添加的动画效果，其中【删除动画】按钮可以删除上方拉出框上的动画效果。

④ 交互

通过交互栏可以查看用户在上方拉出框上添加的交互事件及其详细内容，包括触发事件、对象和响应动作，也可以删除上方拉出框上指定的交互事件。

04 单击【属性栏】窗口【功能设置】栏下的【编辑下拉框】按钮，弹出拉出框的编辑子页面，其中包含了文本编辑、字体属性设置、背景图片和滑块图片等设置模块，如

图 2-251 所示。

图 2-251　上方拉出框编辑子页面

05 直接在文本框中键入文本内容信息，并进行字体属性的设置，如图 2-252 所示。

图 2-252　设置上方拉出框的文本信息

06 用户也可以替换拉出框的背景图片，单击【替换背景】按钮，在弹出的文件选择框中选择合适的图片，然后单击【打开】按钮，背景图片替换成功；如不替换背景图片，则背景将会默认是白色的，如图 2-253 所示。

图 2-253　设置上方拉出框背景图片

特　别　提　示

拉出框的背景图片应该与其文本信息相关，而且它们的组合效果应尽量保持美观。目前拉出框的背景图片只支持 jpg 和 png 格式的图片文件。

07 替换背景图片后的效果如图 2-254 所示。

184

图 2-254　上方拉出框背景图效果

08　滑块位于隐藏元素的下方以及【上方拉出效果】控件的上方，用户可以在右侧看到当前拉出框的滑块图片，当然也可以替换滑块的图片，单击【滑块替换图片】按钮，在弹出的文件选择框中选择合适的图片文件，然后单击【打开】按钮，滑块图片替换成功，如图 2-255 所示。

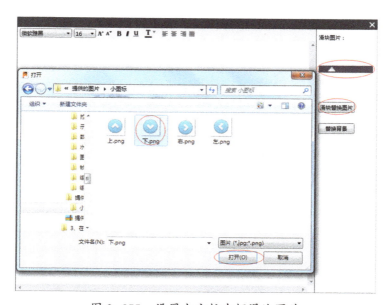

图 2-255　设置上方拉出框滑块图片

185

特 别 提 示

上方拉出框的滑块图片应该指示用户手势向下划动，因此，建议滑块图片选择指向下方的箭头或者三角形图片，且目前只支持 jpg 和 png 格式的图片文件。

09 替换滑块图片后的效果如图 2-256 所示。

图 2-256 上方拉出框滑块效果

10 关闭编辑子窗口，即可完成上方拉出效果控件的制作，默认在拉出框中不会显示隐藏在其中的文本和图片，如图 2-257 所示。

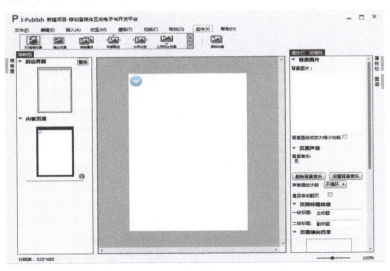

图 2-257 已编辑的上方拉出框

11 之后用户可以通过 I-Publish 提供的预览功能查看上方拉出效果。如图 2-258 所示，页面刚载入时只有拉出框本身，并没有显示之前添加的文本和图片，左键单击【上方拉出效果】控件上方的滑块不放并向下滑动，拉出隐藏在上方的文本和图片。

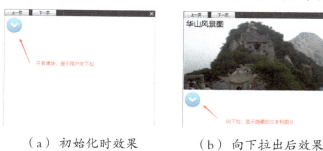

（a）初始化时效果　　　　（b）向下拉出后效果

图 2-258　预览上方拉出框效果

2. 下方拉出效果

下方拉出效果的拉出框的隐藏元素藏在拉出框下方，用户可以通过上拉拉出框的滑块将隐藏元素拖出。创建下方拉出效果的步骤如下：

01 单击【组件】菜单项或者使用快捷键【Alt+X】。

02 单击【下方拉出效果】按钮将会在页面中创建一个空白的下方拉出框控件，如图 2-259 所示。控件下方向下的三角形图标指示了控件的隐藏元素的位置在控件的下方，拉出框的背景默认为白色。

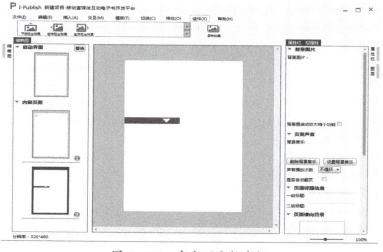

图 2-259　空白下方拉出框

03 单击下方拉出框控件，打开【属性栏】窗口对其进行编辑，如改变下方拉出框的位置、大小，设置是否在浏览开始时隐藏，编辑下拉框，查看、删除动画以及查看、删除交互事件等。下方拉出框的【属性栏】窗口如图 2-260 所示。

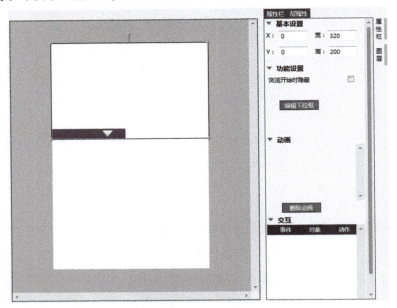

图 2-260　下方拉出框【属性栏】窗口

① 基本设置

基本设置栏中【X】、【Y】用来设置下方拉出框左上角到页面左上角的距离，单位是像素；【宽】、【高】用来设置下方拉出框的大小，单位也是像素。

② 功能设置

功能设置栏中【浏览开始时隐藏】复选框用于控制页面刚被加载时下方拉出框是否隐藏，默认情况下不选中，即下方拉出框立即显示；【编辑下拉框】按钮用于编辑下方拉出框，单击该按钮将调出下方拉出框编辑子页面，以便用户对其进行修改。

③ 动画

动画栏中可以查看用户在下方拉出框上添加的动画效果，其中【删除动画】按钮可以删除下方拉出框上的动画效果。

④ 交互

通过交互栏可以查看用户在下方拉出框上添加的交互事件及其详细内容，包括触发事件、对象和响应动作，也可以删除下方拉出框上指定的交互事件。

04 单击【属性栏】窗口【功能设置】栏下的【编辑下拉框】按钮，弹出拉出框的编辑子页面，其中包含了文本编辑、字体属性设置、背景图片和滑块图片等设置模块，如图 2-261 所示。

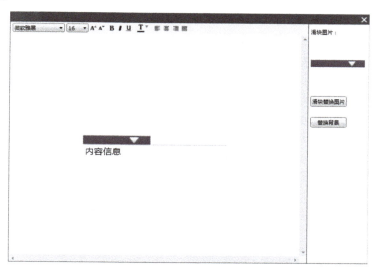

图 2-261　下方拉出框编辑子页面

05 直接在文本框中键入文本内容信息，并进行字体属性的设置，如图 2-262 所示。

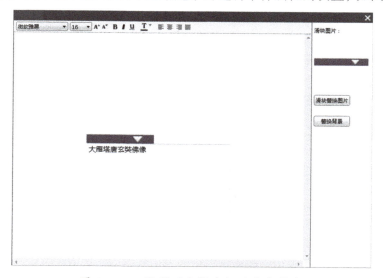

图 2-262　设置下方拉出框的文本信息

06 用户也可以替换拉出框的背景图片，单击【替换背景】按钮，在弹出的文件选择框中选择合适的图片，然后单击【打开】按钮，背景图片替换成功；如不替换背景图片，则背景将会默认是白色的，如图 2-263 所示。

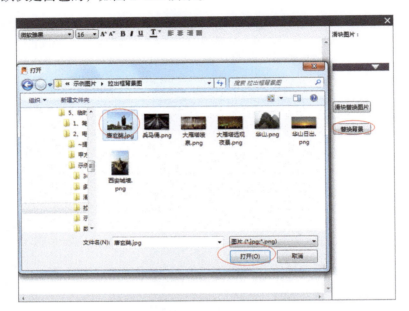

图 2-263　设置下方拉出框背景图片

07 替换背景图片后的效果如图 2-264 所示。

图 2-264　下方拉出框背景图效果

08 滑块位于隐藏元素的上方以及【下方拉出效果】控件的下方，如图 2-265 所示，用户可以在右侧看到当前拉出框的滑块图片，当然也可以替换滑块的图片，单击【滑块替换图片】按钮，在弹出的文件选择框中选择合适的图片文件，然后单击【打开】按钮，滑块图片替换成功。

图 2-265　设置下方拉出框滑块图片

特 别 提 示

下方拉出框的滑块图片应该指示用户手势向上划动，因此，建议滑块图片选择指向上方的箭头或者三角形图片，且目前只支持 jpg 和 png 格式的图片文件。

09 替换滑块图片后的效果如图 2-266 所示。

图 2-266　下方拉出框滑块效果

10 关闭编辑子窗口，即可完成下方拉出效果控件的制作，默认在拉出框中不会显示隐藏在其中的文本和图片，如图 2-267 所示。

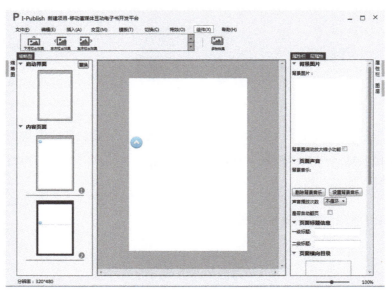

图 2-267　已编辑的下方拉出框

11 之后用户可以通过 I-Publish 提供的预览功能查看下方拉出效果。如图 2-268 所示，页面刚载入时只有拉出框本身，并没有显示之前添加的文本和图片，左键单击【下方拉出效果】控件下方的滑块不放并向上滑动，拉出隐藏在下方的文本和图片。

（a）初始化时效果　　　　　　　（b）向上拉出后效果

图 2-268　预览下方拉出框效果

3. 右方拉出效果

右方拉出效果的拉出框的隐藏元素藏在拉出框右侧，用户可以通过左拉拉出框的滑块将隐藏元素拖出。创建右方拉出效果的步骤如下：

01 单击【组件】菜单项或者使用快捷键【Alt+X】。

02 单击【右方拉出效果】按钮将会在页面中创建一个空白的右方拉出框控件，如图 2-269 所示。控件右方向右的三角形图标指示了控件的隐藏元素的位置在控件的右方，拉出框的背景默认为白色。

03 单击右方拉出框控件，打开【属性栏】窗口对其进行编辑，如改变右方拉出框的位置、大小，设置是否在浏览开始时隐藏，编辑下拉框，查看、删除动画以及查看、删除交互事件等。右方拉出框的【属性栏】窗口如图 2-270 所示。

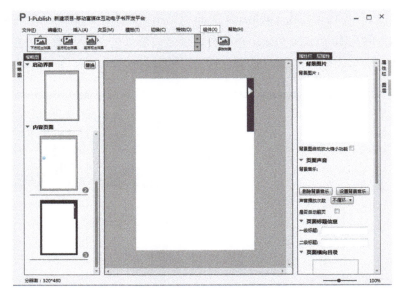

图 2-269 空白右方拉出框

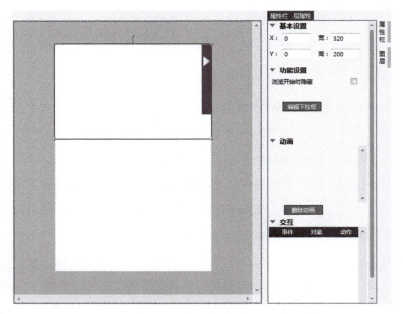

图 2-270 右方拉出框【属性栏】窗口

① 基本设置

基本设置栏中【X】、【Y】用来设置右方拉出框左上角到页面左上角的距离，单位是像素；【宽】、【高】用来设置右方拉出框的大小，单位也是像素。

② 功能设置

功能设置栏中【浏览开始时隐藏】复选框用于控制页面刚被加载时右方拉出框是否隐藏，默认情况下不选中，即右方拉出框立即显示；【编辑下拉框】按钮用于编辑右方拉出框，单击该按钮将调出右方拉出框编辑子页面，以便用户对其进行修改。

③ 动画

动画栏中可以查看用户在右方拉出框上添加的动画效果，其中【删除动画】按钮可以删除右方拉出框上的动画效果。

④ 交互

通过交互栏可以查看用户在右方拉出框上添加的交互事件及其详细内容，包括触发事件、对象和响应动作，也可以删除右方拉出框上指定的交互事件。

04 单击【属性栏】窗口【功能设置】栏下的【编辑下拉框】按钮，弹出右方拉出框的编辑子页面，其中包含了文本编辑、字体属性设置、背景图片和滑块图片等设置模块，如图 2-271 所示。

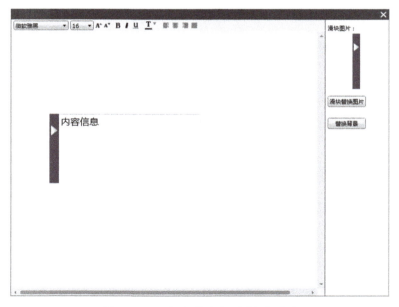

图 2-271 右方拉出框编辑子页面

05 直接在文本框中键入文本内容信息，并进行字体属性的设置，如图 2-272 所示。

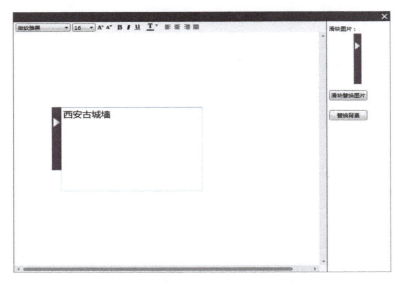

图 2-272　设置右方拉出框的文本信息

06 用户也可以替换右方拉出框的背景图片，单击【替换背景】按钮，在弹出的文件选择框中选择合适的图片文件，然后单击【打开】按钮，背景图片替换成功；如不替换背景图片，则背景将会默认是白色的，如图 2-273 所示。

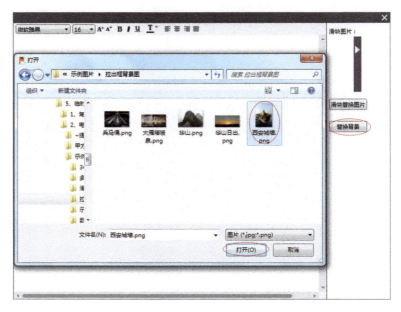

图 2-273　设置右方拉出框背景图片

07 替换背景图片后的效果如图 2-274 所示。

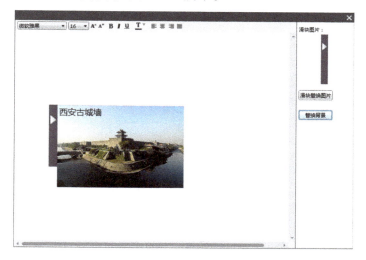

图 2-274　右方拉出框背景图效果

08 滑块位于隐藏元素的左侧以及【右方拉出效果】控件的右侧，如图 2-275 所示，用户可以在右侧看到当前拉出框的滑块图片，当然也可以替换滑块的图片，单击【滑块替换图片】按钮，在弹出的文件选择框中选择合适的图片文件，然后单击【打开】按钮，滑块图片替换成功。

图 2-275　设置右方拉出框滑块图片

特 别 提 示

右方拉出框的滑块图片应该指示用户手势向左划动，因此，建议滑块图片选择指向左侧的箭头或者三角形图片，且目前只支持 jpg 和 png 格式的图片文件。

09 替换滑块图片后的效果如图 2-276 所示。

图 2-276　右方拉出框滑块效果

10 关闭编辑子窗口，即可完成右方拉出效果控件的制作，默认在拉出框中不会显示隐藏在其中的文本和图片，如图 2-277 所示。

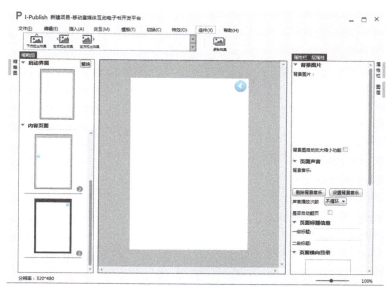

图 2-277　已编辑的右方拉出框

11　之后用户可以通过 I-Publish 提供的预览功能查看右方拉出效果。如图 2-278 所示，页面刚载入时只有拉出框本身，并没有显示之前添加的文本和图片，左键单击【右方拉出效果】控件右侧的滑块不放并向左侧滑动，拉出隐藏在右侧的文本和图片。

（a）初始化时效果　　　　　　　（b）向左拉出后效果

图 2-278　预览右方拉出框效果

4. 左方拉出效果

左方拉出效果的拉出框的隐藏元素藏在拉出框右侧，用户可以通过右拉拉出框的滑块将隐藏元素拖出。创建左方拉出效果的步骤如下：

01 单击【组件】菜单项或者使用快捷键【Alt+X】。

02 单击【左方拉出效果】按钮将会在页面中创建一个空白的左方拉出框控件，如图 2-279 所示。控件左方向左的三角形图标指示了控件的隐藏元素的位置在控件的左方，拉出框的背景默认为白色。

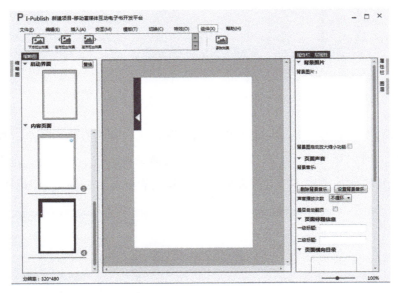

图 2-279　空白左方拉出框

03 单击左方拉出框控件，打开【属性栏】窗口对其进行编辑，如改变左方拉出框的位置、大小，设置是否在浏览开始时隐藏，编辑下拉框，查看、删除动画以及查看、删除交互事件等。左方拉出框的【属性栏】窗口如图 2-280 所示。

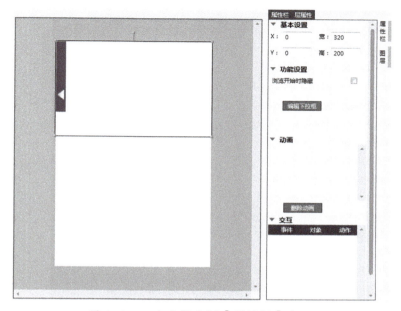

图 2-280 左方拉出框【属性栏】窗口

① 基本设置

基本设置栏中【X】、【Y】用来设置左方拉出框左上角到页面左上角的距离，单位是像素；【宽】、【高】用来设置左方拉出框的大小，单位也是像素。

② 功能设置

功能设置栏中【浏览开始时隐藏】复选框用于控制页面刚被加载时左方拉出框是否隐藏，默认情况下不选中，即左方拉出框立即显示；【编辑下拉框】按钮用于编辑左方拉出框，单击该按钮将调出左方拉出框编辑子页面，以便用户对其进行修改（图 2-281）。

③ 动画

动画栏中可以查看用户在左方拉出框上添加的动画效果，其中【删除动画】按钮可以删除左方拉出框上的动画效果。

④ 交互

通过交互栏可以查看用户在左方拉出框上添加的交互事件及其详细内容，包括触发事件、对象和响应动作，也可以删除左方拉出框上指定的交互事件。

04 单击【属性栏】窗口【功能设置】栏下的【编辑下拉框】按钮，弹出左方拉出框的编辑子页面，其中包含了文本编辑、字体属性设置、背景图片和滑块图片等设置模块。

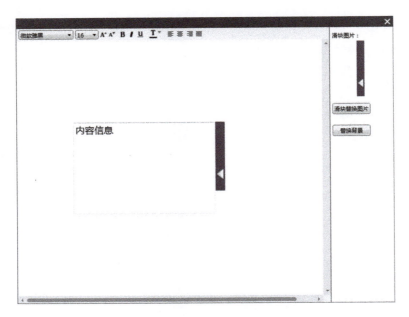

图 2-281　左方拉出框编辑子页面

05 直接在文本框中键入文本内容信息，并进行字体属性的设置（图 2-282）。

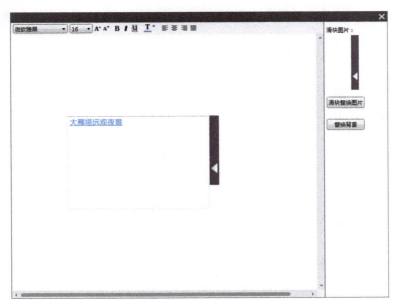

图 2-282　设置左方拉出框的文本信息

06 用户也可以替换左方拉出框的背景图片，单击【替换背景】按钮，在弹出的文件选择框中选择合适的图片文件，然后单击【打开】按钮，背景图片替换成功；如不替换背景图片，则背景将会默认是白色的（图 2-283）。

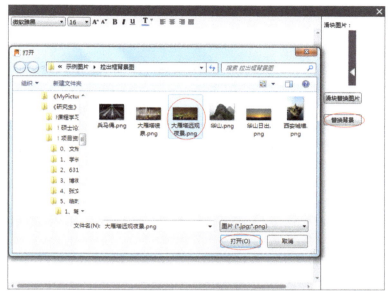

图 2-283　设置左方拉出框背景图片

07 替换背景图片后的效果如图 2-284 所示。

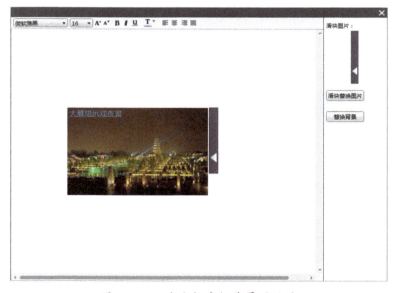

图 2-284　左方拉出框背景图效果

08 滑块位于隐藏元素的右侧以及【左方拉出效果】控件的左侧，用户可以在子页面右侧看到当前拉出框的滑块图片，当然也可以替换滑块的图片，单击【滑块替换图片】按钮，在弹出的文件选择框中选择合适的图片文件，然后单击【打开】按钮，滑块图片替换成功（图 2-285）。

图 2-285　设置左方拉出框滑块图片

特　别　提　示

左方拉出框的滑块图片应该指示用户手势向右划动，因此，建议滑块图片选择指向右侧的箭头或者三角形图片，且目前只支持 jpg 和 png 格式的图片文件。

09 替换滑块图片后的效果如图 2-286 所示。

图 2-286　左方拉出框滑块效果

10 关闭编辑子窗口，即可完成左方拉出效果控件的制作，默认在拉出框中不会显示隐藏在其中的文本和图片（图 2-287）。

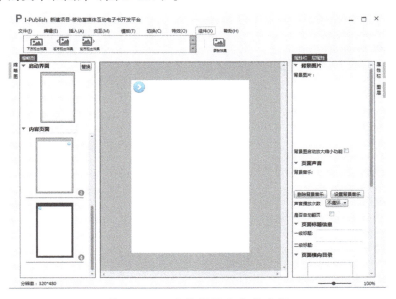

图 2-287　已编辑的左方拉出框

11 之后用户可以通过 I-Publish 提供的预览功能查看左方拉出效果。如图 2-288 所示，页面刚载入时只有拉出框本身，并没有显示之前添加的文本和图片，左键单击【左方拉出效果】控件左侧的滑块不放并向右侧滑动，拉出隐藏在左侧的文本和图片。

（a）初始化时效果

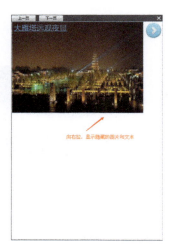

（b）向右拉出后效果

图 2-288　预览左方拉出框效果

2.8.7　多张页面效果

　　I-Publish 的【多张效果】组件主要用于处理多张图片显示的动态效果。特别是当多张图片拼接起来时，它们的长度或者宽度可能会超出页面的范围因而无法一次观看，【多张效果】让多张图片通过滚动的方式逐渐将这幅较大的图片呈现给电子书阅读者，就像我们阅读以前的画卷一样逐渐将画面内容展开观看。【多张效果】提供多张图片在页面中自动或手动滚动，包括【水平自动滚动】、【垂直自动滚动】、【水平手动滚动】和【垂直手动滚动】，如图 2-289 所示。

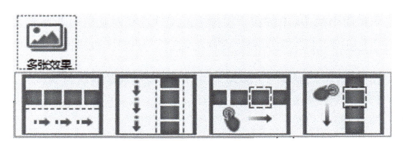

图 2-289 多张效果图标

1. 水平自动滚动

【水平自动滚动】控件能够处理一组图片，让图片依次水平展开呈现出在水平方向自动滚动的效果。创建水平自动滚动效果的步骤如下：

01 单击【组件】菜单项或者使用快捷键【Alt+X】。

02 单击【多张效果】按钮，然后在弹出的列表框中选择【水平自动滚动】，如图 2-290 所示。

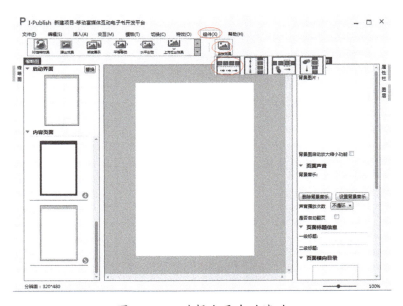

图 2-290 选择水平自动滚动

03 弹出编辑图片子页面。

04 单击子页面中的【+】按钮，在弹出的文件选择对话框中选择需要的图片文件，然后单击【打开】按钮即可将选中的图片文件添加到子页面中，如图 2-291 和图 2-292 所示。

图 2-291 添加水平自动滚动图片

特 别 提 示

目前，I-Publish 的水平自动滚动组件只支持 png 和 jpg 格式的图片文件，有关图片格式的知识可以查看附录。

图 2-292　子页面上的水平自动滚动图片

05 如图 2-293 所示，已添加到子页面中的每张图片文件的右上方都有两个按钮，分别是【✎】按钮和【✖】按钮，用于修改图片和删除图片。

图 2-293　单张水平自动滚动图片

06 单击子页面上的【确定】按钮，水平自动滚动就添加完成了，如图 2-294 所示。从图中可以看出三张图片在水平方向依次排列，组成了一张水平方向的长图，图片的长度超过了页面的宽度，因而页面上只能展示图片的一部分内容。

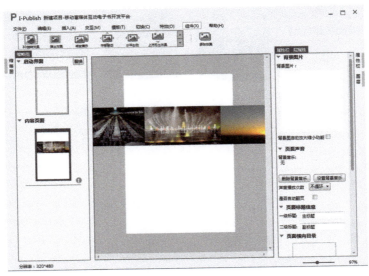

图 2-294　水平自动滚动

07　单击水平自动滚动组件，打开【属性栏】窗口对其进行编辑，如改变水平自动滚动组件的位置、大小，设置是否在浏览开始时隐藏，编辑图片滚动，查看、删除动画以及查看、删除交互事件等。水平自动滚动组件的【属性栏】窗口如图 2-295 所示。

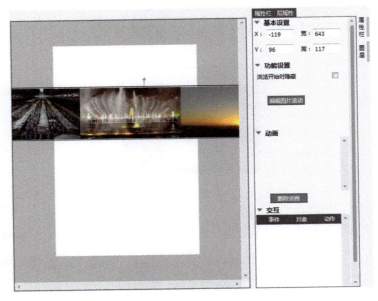

图 2-295　水平自动滚动组件的【属性栏】窗口

① 基本设置

基本设置栏中【X】、【Y】用来设置水平自动滚动组件左上角到页面左上角的距离，单位是像素；【宽】、【高】用来设置水平自动滚动组件的大小，单位也是像素。

② 功能设置

功能设置栏中【浏览开始时隐藏】复选框用于控制页面刚被加载时水平自动滚动组件是否隐藏，默认情况下不选中，即水平自动滚动组件立即显示；【编辑图片滚动】按钮用于编辑水平自动滚动组件，单击该按钮将调出水平自动滚动组件编辑图片子页面，以便用户对其进行修改。

③ 动画

动画栏中可以查看用户在水平自动滚动组件上添加的动画效果，其中【删除动画】按钮可以删除水平自动滚动组件上的动画效果。

④ 交互

通过交互栏可以查看用户在水平自动滚动组件上添加的交互事件及其详细内容，包括触发事件、对象和响应动作，也可以删除水平自动滚动组件上指定的交互事件。

08 之后用户可以通过 I-Publish 提供的预览功能查看水平自动滚动的效果，如图 2-296 所示。在预览界面，可以看出三张图片组成了一个连续的整体，它在水平方向自动移动。当然用户也可以在预览界面通过鼠标左右拖动来使其水平移动，而电子书的阅读者则需要通过左右划动手势来自主地控制图片的水平移动。

  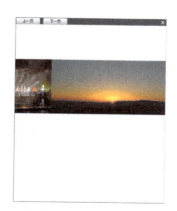

（a）图片水平自动右移　　　（b）初始化时　　　（c）图片水平自动左移

图 2-296　预览水平自动滚动效果

2. 垂直自动滚动

【垂直自动滚动】控件也能够处理一组图片，让一组图片依次纵向展开呈现出在垂直方向自动滚动的效果。创建垂直自动滚动效果的步骤如下：

01 单击【组件】菜单项或者使用快捷键【Alt+X】。

02 单击【多张效果】按钮，然后在弹出的列表框中选择【垂直自动滚动】，如图2-297所示。

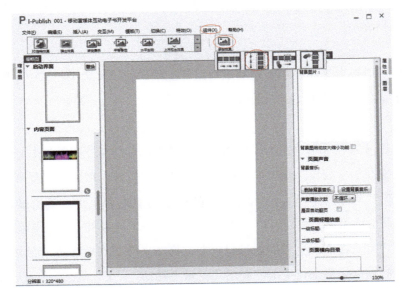

图2-297 选择垂直自动滚动

03 弹出编辑图片子页面。

04 单击子页面中的【+】按钮，在弹出的文件选择对话框中选择需要的图片文件，然后单击【打开】按钮即可将选中的图片文件添加到子页面中，如图2-298和2-299所示。

特 别 提 示

目前，I-Publish的垂直自动滚动组件只支持png和jpg格式的图片文件，有关图片格式的知识可以查看附录。

图 2-298 添加垂直自动滚动图片

图 2-299 子页面上的垂直自动滚动图片

图 2-300　单张垂直自动滚动图片

06　单击子页面上的【确定】按钮，垂直自动滚动就添加完成了，如图 2-301 所示。从图中可以看出三张图片在垂直方向依次排列，组成了一张垂直方向的长图，图片纵向长度超过了页面的范围，因而页面上只能容纳图片的一部分内容。

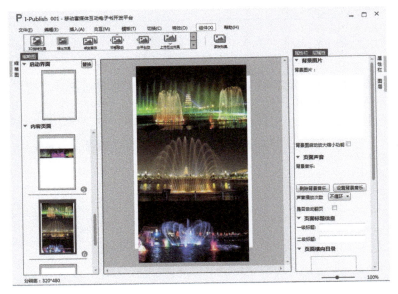

图 2-301　垂直自动滚动

07　单击垂直自动滚动组件，打开【属性栏】窗口对其进行编辑，如改变垂直自动滚动组件的位置、大小，设置是否在浏览开始时隐藏，编辑图片滚动，查看、删除动画以及查看、删除交互事件等。垂直自动滚动组件的【属性栏】窗口如图 2-302 所示。

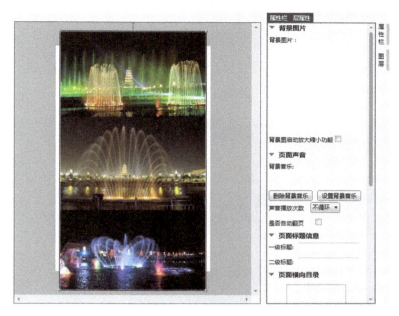

图 2-302　垂直自动滚动组件的【属性栏】窗口

① 基本设置

基本设置栏中【X】、【Y】用来设置垂直自动滚动组件左上角到页面左上角的距离，单位是像素；【宽】、【高】用来设置垂直自动滚动组件的大小，单位也是像素。

② 功能设置

功能设置栏中【浏览开始时隐藏】复选框用于控制页面刚被加载时垂直自动滚动组件是否隐藏，默认情况下不选中，即垂直自动滚动组件立即显示；【编辑图片滚动】按钮用于编辑垂直自动滚动组件，单击该按钮将调出垂直自动滚动组件编辑图片子页面，以便用户对其进行修改。

③ 动画

动画栏中可以查看用户在垂直自动滚动组件上添加的动画效果，其中【删除动画】按钮可以删除垂直自动滚动组件上的动画效果。

④ 交互

通过交互栏可以查看用户在垂直自动滚动组件上添加的交互事件及其详细内容，包括触发事件、对象和响应动作，也可以删除垂直自动滚动组件上指定的交互事件。

08 之后用户可以通过 I-Publish 提供的预览功能查看垂直自动滚动的效果，如图 2-303 所示。在预览界面，可以看出三张图片组成了一个连续的整体，它在垂直方向自动移动。当然用户也可以在预览界面通过鼠标上下拖动来使其垂直移动，而电子书的阅读者则需要通过上下划动手势来自主地控制图片的垂直移动。

（a）图片垂直自动下移　　　（b）初始化时　　　（c）图片垂直自动上移

图 2-303　预览垂直自动滚动效果

3. 水平手动滚动

【水平手动滚动】控件的作用和【水平自动滚动】类似，但是【水平手动滚动】控件需要电子书的阅读者通过主动水平划动的手势来让图片滚动起来。创建水平手动滚动效果的步骤如下：

01 单击【组件】菜单项或者使用快捷键【Alt+X】。

02 单击【多张效果】按钮，然后在弹出的列表框中选择【水平手动滚动】，如图 2-304 所示。

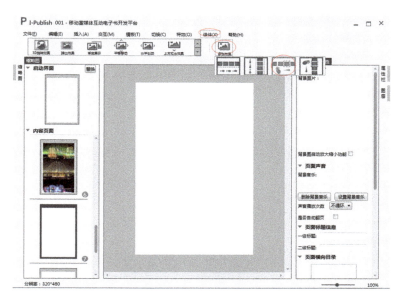

图 2-304　选择水平手动滚动

03 弹出编辑图片子页面。

04 单击子页面中的【+】按钮，在弹出的文件选择对话框中选择需要的图片文件，然后单击【打开】按钮即可将选中的图片文件添加到子页面中，如图 2-305 和图 2-306 所示。

特 别 提 示

目前，I-Publish 的水平手动滚动组件只支持 png 和 jpg 格式的图片文件，有关图片格式的知识可以查看附录。

图 2-305　添加水平手动滚动图片

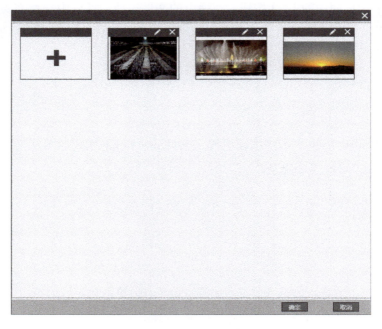

图 2-306　子页面上的水平手动滚动图片

05 如图 2-307 所示，已添加到子页面中的每张图片文件的右上方都有两个按钮，分别是【✏️】按钮和【✖️】按钮，用于修改图片和删除图片。

图 2-307 单张水平手动滚动图片

06 单击子页面上的【确定】按钮，水平手动滚动就添加完成了，如图 2-308 所示。从图中可以看出三张图片在水平方向依次排列，组成了一张水平方向的长图，图片的水平长度超过了页面的宽度，因而页面上只能展示图片的一部分内容。

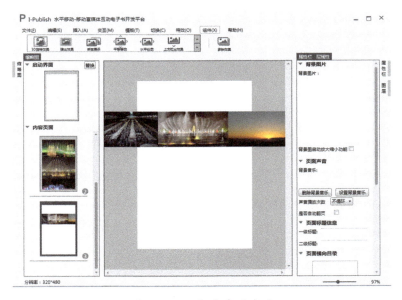

图 2-308 水平手动滚动

07 单击水平手动滚动组件，打开【属性栏】窗口对其进行编辑，如改变水平手动滚动组件的位置、大小，设置是否在浏览开始时隐藏，编辑图片滚动，查看、删除动画以及查看、删除交互事件等。水平手动滚动组件的【属性栏】窗口如图 2-309 所示。

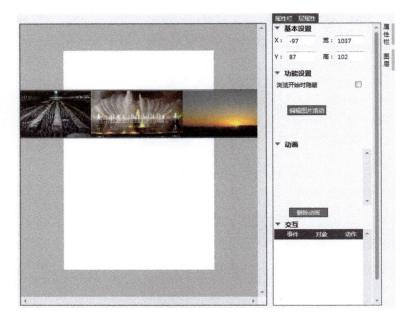

图 2-309　水平手动滚动组件的【属性栏】窗口

① 基本设置

基本设置栏中【X】、【Y】用来设置水平手动滚动组件左上角到页面左上角的距离，单位是像素；【宽】、【高】用来设置水平手动滚动组件的大小，单位也是像素。

② 功能设置

功能设置栏中【浏览开始时隐藏】复选框用于控制页面刚被加载时水平手动滚动组件是否隐藏，默认情况下不选中，即水平手动滚动组件立即显示；【编辑图片滚动】按钮用于编辑水平手动滚动组件，单击该按钮将调出水平手动滚动组件编辑图片子页面，以便用户对其进行修改。

③ 动画

动画栏中可以查看用户在水平手动滚动组件上添加的动画效果，其中【删除动画】按钮可以删除水平手动滚动组件上的动画效果。

④ 交互

通过交互栏可以查看用户在水平手动滚动组件上添加的交互事件及其详细内容，包括触发事件、对象和响应动作，也可以删除水平手动滚动组件上指定的交互事件。

08 之后用户可以通过 I-Publish 提供的预览功能查看水平手动滚动的效果，如图 2-310 所示。在预览界面，可以看出三张图片在水平方向组成了一个连续的整体，用户需要通过鼠标水平拖动来使其水平移动，而电子书的阅读者则需要通过左右划动手势来自主地控制图片的水平移动。

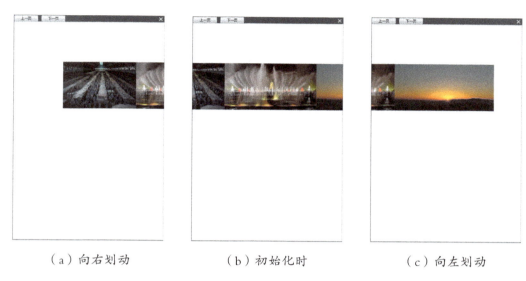

（a）向右划动　　　　　　　（b）初始化时　　　　　　　（c）向左划动

图 2-310　预览水平手动滚动效果

4. 垂直手动滚动

【垂直手动滚动】控件的作用和【垂直自动滚动】类似，但是【垂直手动滚动】控件需要电子书的阅读者通过主动上下划动的手势来让图片滚动起来。如图 2-311~ 图 2-313 所示，创建垂直手动滚动效果的步骤如下。

01 单击【组件】菜单项或者使用快捷键【Alt+X】。

02 单击【多张效果】按钮，然后在弹出的列表框中选择【垂直手动滚动】，如图 2-311 所示。

03 弹出编辑图片子页面。

04 单击子页面中的【+】按钮，在弹出的文件选择对话框中选择需要的图片文件，然后单击【打开】按钮即可将选中的图片文件添加到子页面中。

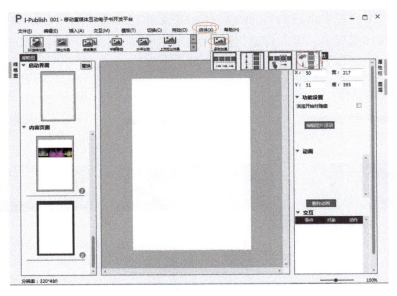

图 2-311   选择垂直手动滚动

知 识 窗

目前，I-Publish 的垂直手动滚动组件只支持 png 和 jpg 格式的图片文件，有关图片格式的知识可以查看附录。

图 2-312 添加垂直手动滚动图片

图 2-313 子页面上的垂直手动滚动图片

05 如图 2-314 所示，已添加到子页面中的每张图片文件的右上方都有两个按钮，分别是【✎】按钮和【✕】按钮，用于修改图片和删除图片。

图 2-314　单张垂直手动滚动图片

06 单击子页面上的【确定】按钮，垂直手动滚动就添加完成了，如图 2-315 所示。从图中可以看出三张图片在垂直方向依次排列，组成了一张垂直方向的长图，图片纵向长度超过了页面的范围，因而页面上只能容纳图片的一部分内容。

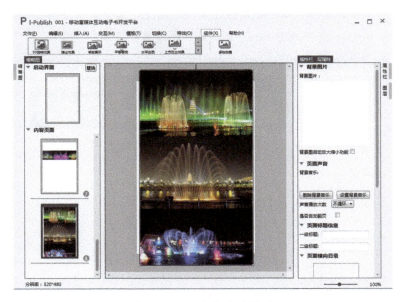

图 2-315　垂直手动滚动

07 单击垂直手动滚动组件，打开【属性栏】窗口对其进行编辑，如改变垂直手动滚动组件的位置、大小，设置是否在浏览开始时隐藏，编辑图片滚动，查看、删除动画以及查看、删除交互事件等。垂直手动滚动组件的【属性栏】窗口如图 2-316 所示。

图 2-316　垂直手动滚动组件的【属性栏】窗口

① 基本设置

基本设置栏中【X】、【Y】用来设置垂直手动滚动组件左上角到页面左上角的距离，单位是像素；【宽】、【高】用来设置垂直手动滚动组件的大小，单位也是像素。

② 功能设置

功能设置栏中【浏览开始时隐藏】复选框用于控制页面刚被加载时垂直手动滚动组件是否隐藏，默认情况下不选中，即垂直手动滚动组件立即显示；【编辑图片滚动】按钮用于编辑垂直手动滚动组件，单击该按钮将调出垂直手动滚动组件编辑图片子页面，以便用户对其进行修改。

③ 动画

动画栏中可以查看用户在垂直手动滚动组件上添加的动画效果，其中【删除动画】按钮可以删除垂直手动滚动组件上的动画效果。

④ 交互

通过交互栏可以查看用户在垂直手动滚动组件上添加的交互事件及其详细内容，包括触发事件、对象和响应动作，也可以删除垂直手动滚动组件上指定的交互事件。

08 之后用户可以通过 I-Publish 提供的预览功能查看垂直手动滚动的效果，如图 2-317 所示。在预览界面，可以看出三张图片组成了一个连续的整体，用户需要通过鼠标上下拖动来使其垂直移动，而电子书的阅读者则需要通过上下划动手势来自主地控制图片的垂直移动。

（a）向上划动　　　　　（b）初始化时　　　　　（c）向下划动

图 2-317　预览垂直手动滚动效果

2.9 【帮助】菜单

　　【帮助】菜单提供了整个软件的使用帮助说明，以供用户在使用软件的过程中遇到问题时查看。调用【帮助】菜单的快捷键【Alt+H】。

　　I-Publish 的使用帮助说明文档也叫软件用户手册，它以 CHM 格式存放在软件安装目录，其文件名为"ipublish.chm"，因此用户也可直接打开该文件进行阅读。帮助文档是用户必须完全熟悉掌握的文档，它为用户提供了软件处于各种运行情况下的有关知识，特别是其操作方法的具体细节。总的来说，用户可以通过以下两种方法获得该软件的帮助文档：

知 识 窗

CHM 格式

全称 Compiled Help Manual，是微软于 1998 年推出的基于 HTML 文件特性的帮助文件系统，以替代早先的 WinHelp 帮助系统，在 Windows 98 中把 CHM 类型文件称作"已编译的 HTML 帮助文件"。

1. 方法一

01 单击【帮助】菜单项或者使用快捷键【Alt+H】。

02 查看弹出的 CHM 格式的帮助文档，如图 2-318 所示。

图 2-318　通过帮助菜单调出帮助文档

2. 方法二

01 找到 I-Publish 的安装目录，默认安装在 "C:\Program Files\ 西安曲江出版传媒股份有限公司 \I-Publish" 目录下。

02 找到并打开 "ipublish.chm" 文件，该文件即为 I-Publish 的帮助文档，如图 2-319 所示。

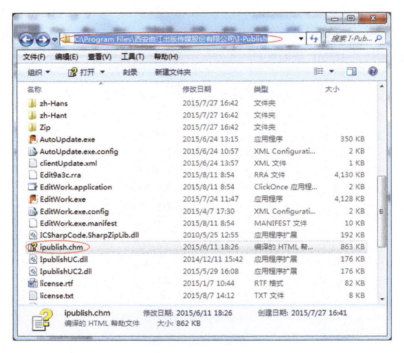

图 2-319　帮助文档的文件路径

第3章 I-Publish 开发案例

3.1 启动界面

　　一般来说，每一个应用程序都有自己的启动界面，这个启动界面是必需的。I-Publish 制作的电子书在打开的过程中也有自己的启动界面，一般是一个 Logo 或者图片，它能增强电子书在启动时的用户体验。启动图像与应用程序的首屏幕看起来非常相似。当电子书使用者在主屏幕上点击他的电子书应用程序图标时，系统会立即显示这个启动图像。一旦准备就绪，电子书应用程序就会显示它的首屏幕，来替换掉这个启动占位图像。请记住，启动图像并不是为了提供机会来进行艺术展示，它完全是为了增强用户对电子书应用程序能够快速启动并立即投入使用的感知度。

　　为了设计好一个启动界面，I-Publish 的用户可以从以下三个角度进行考虑。

1. 与电子书内部页面浑然一体

　　这一类型的启动页都使用了一张电子书程序假图作为程序的启动过渡，这张程序假图的内容与程序内部内容一致，因此可以让用户认为程序已经可以使用了，从而避免给用户带来一种突兀的感觉。

特 别 提 示

　　I-Publish 的启动界面只支持竖版图片，否则无法加载。故用户在设置启动界面之前应该准备好相应的图片文件。

　　比如，电子书的内容描绘的是古老的西安城墙的历史，那么启动界面可以使用一张西安城墙的图片，步骤如下：

01 单击【缩略图】按钮，打开视图区。

02 单击【启动界面】栏右上角的【替换】按钮。

03 在弹出的文件选择对话框中选择 png 格式的竖版图片。

04 单击【打开】按钮即可完成启动界面的添加，如图 3-1 所示。

图 3-1　设置启动界面图片

05 如果用户选择的图片不符合要求，系统会弹出提示框，此时启动界面图片设置失败，如图 3-2 所示。

图 3-2　启动界面图片添加失败

06 如果没有弹出提示框，则启动界面设置成功，设置城墙图片后的效果如图 3-3 所示。

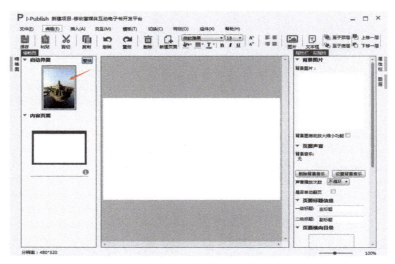

图 3-3　西安城墙图片做启动界面

2. 品牌信息传递

品牌传递类的启动界面可以设计得相对简单，基本采用"产品名称 + 产品标志语"结构，突出主题即可。

比如电子书的内容描绘的是 I-Publish 软件的使用，那么启动界面可以使用 I-Publish 的 Logo 图片即可。启动界面添加 Logo 图片后的效果如图 3-4 所示。

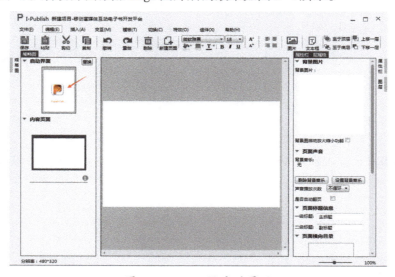

图 3-4　Logo 做启动界面

3. 情感故事共鸣

这种类型的启动界面通过一张图片去说一个故事或是表达情怀，图片必须设计得具有较强的表现张力，这确实不是一件容易的事情。

比如电子书的内容讲述的是一个创业团队的成功故事，那么启动界面可以用一张团队图片来描绘。启动界面添加团队图片后的效果如图 3-5 所示。

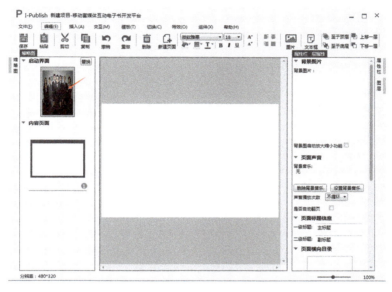

图 3-5　团队照片做启动界面

3.2　首页

一本书封面设计是否时尚很大程度上会影响读者的心情。而电子书的首页从某种意义上而言可以等同于纸质书的封皮，因此首页设计的重要性不言而喻。

3.2.1　设计原则

封面的设计应该遵循以下几项原则：

1. 原则一　首页的内容要尽可能地反映出电子书的重点内容

情景 1　当电子书的主题与时尚相关时，应该在封面上尽可能地展示如服饰、香水、高端电子产品等内容。

情景 2　当电子书的主题与科技相关时，应该在封面上尽可能地展示如卫星、计算机等内容。

情景 3　当电子书的主题与文化历史相关时，应该在封面上尽可能地展示如古迹、历史名人、文物等内容。

2. 原则二　首页内容的颜色不能过于复杂，色调尽可能单一

情景 1　当电子书的主题与体育相关时，应该让封面处于中性色，以黑色、灰白色等为主基调色。

情景 2　当电子书的主题与军事相关时，应该让封面处于偏冷色调，以蓝绿、蓝色、蓝紫等为主基调色。

情景 3　当电子书的主题与饮食相关时，应该让封面处于偏暖色调，以红色、橙色、黄色等为主基调色。

知　识　窗

色调

色调指的是一幅画中画面色彩的总体倾向，是大的色彩效果。据研究显示，不同的色调会影响人阅读时的心情。

3. 原则三　首页元素需要具有一定的层次感。例如图片通常先于文字出现，声音通常先于图片出现等

3.2.2　首页元素

在开始制作首页之前，用户应该先了解首页究竟包含哪些元素。通常情况下，一个优秀的主页都包含以下几个元素。

1. 主题

首页必须有一个主题，而且主题的名字应与电子书的内容有一一对应的关系。主题不宜太长，否则难以突出重点。主题可以包含主标题和副标题。

2. 配图

首页可以有 1 ~ 3 张与主题相关的配图。图片数量少时，可以放宽布局；当图片数量多时，需要适当收紧布局。

3. 背景

首页应该有一个色调与主题匹配的背景，关于背景的选择可以参考原则二。

4. 动态效果

首页可以有 2 ~ 3 个动态效果，动态效果不局限于图片效果、文字效果、Flash 动画效果等，甚至可以跟主题、配图和背景结合使用。

5. 音乐

首页可以有一首与主题相关的背景音乐，这是与纸质书的一个很大的不同之处，这样能使用户在打开电子书的同时，更了解本书的主题。

6. 页面布局

首页需要有一个合理的页面布局。

3.2.3 首页制作

在了解了上述相关元素后，用户就可以开始着手准备首页制作的相关素材了，主要包括：背景 1～2 张、配图 1～3 张、音乐 1～2 段、主题（主标题 + 副标题）1 个、关键词若干，如图 3-6 所示。

图 3-6　首页

这里以上图为例子，介绍如何设计好一个电子书首页。

01 设置背景，如图 3-7 所示。

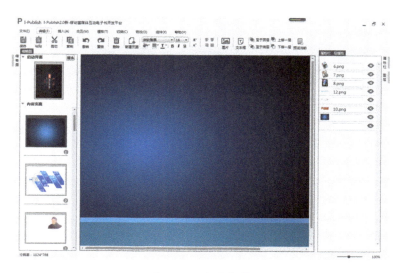

图 3-7　设置背景

02 按顺序把三本书放置在背景上，如图 3-8 所示。

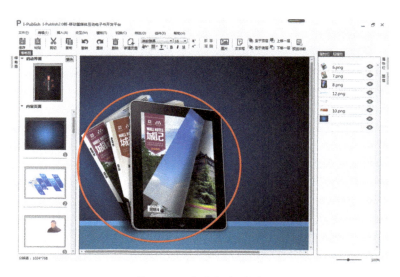

图 3-8　放置书本图片

237

03 加入主题（图 3-9）。这里需要注意主题和图片之间的摆放位置。

图 3-9　加入主题图片

04 加入关键词，如图 3-10 所示。

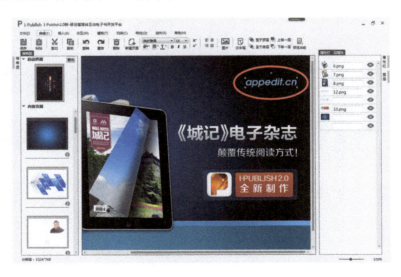

图 3-10　加入关键词图片

05 加入广告图片，如图 3-11 所示。

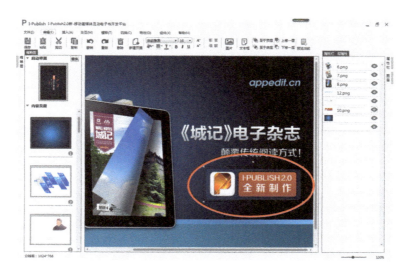

图 3-11　加入广告图片

06 加入特效（3-12）。例如三本书以淡入的形式显现，同时主题以擦除的形式出现。

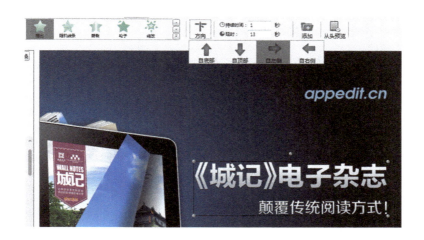

图 3-12　添加特效

这里主题选择擦除特效，方向选择自左侧，持续时间 1 秒，延时 13 秒，如图 3-13 所示。

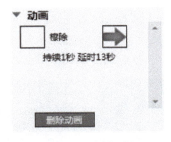

图 3-13　查看特效

单击【添加】按钮，可以看到在属性列表中已经出现了特效。继续选中三本书，分别设置它们的特效，如图 3-14、3-15 和 3-16 所示。

图 3-14　添加飞入特效 1

图 3-15　添加淡入特效 2

图 3-16　添加淡入特效 3

　　分别把三本书的延时设置成为 10 秒、11 秒、12 秒，这样就会间隔出现，让整个首页更具立体感。

07　为了让首页更具神秘感，可以在书的最上面用一个背景覆盖，然后设置为淡出效果，这样整个首页就会慢慢地浮现在读者的面前了，如图 3-17 所示。

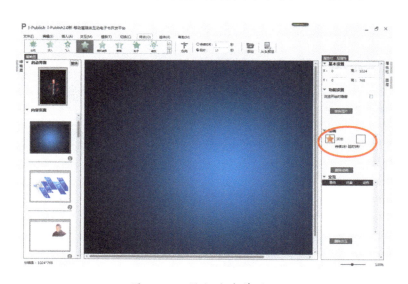

图 3-17　添加淡出特效 4

08　设置背景音乐。在首页【属性栏】->【页面声音】中为电子书的首页设置一首相关的主题音乐，如图 3-18 所示。

图 3-18　设置背景音乐

09 这样最终的首页就完成了，赶快尝试一下【预览效果】吧（图 3-19）。

图 3-19　预览效果

3.3　目录

目录又称目次，现实生活中每一本书都有一个目录。通过观看目录能让人清楚地知道该书讲述的主要内容以及内容的组织脉络，同时也能让读者快速地定位到自己想阅读的内容所在的页码。电子书应用程序作为书本的代替品，当然也需要自己的目录来实现同样的功能，而且电子书的目录在制作的时候可以添加动态效果，让读者在翻阅电子书的内容之前就能享受到强大的视觉冲击，从而极大地提高阅读兴趣。

3.3.1　基本步骤

使用 I-Publish 制作电子书的目录时，通常可以从以下几步着手。

（1）设置合适的背景图片，背景图片最好是浅色、简单的图片，以免干扰到页面的主要信息。

（2）添加文本、图片以及按钮控件来建立电子书的目录层次，并对页面控件进行调整，对控件的组织结构进行排版。

（3）在页面加入炫酷的动态效果，让目录"动"起来。

（4）为代表各个章节的控件添加点击事件来实现页面跳转。

（5）添加其他效果如背景音乐，并随时保存目录。

（6）通过【预览当前】功能查看效果。

3.3.2　实例讲解

下面将通过实例来讲解 I-Publish 电子书目录的制作过程，并展示它们的炫酷效果。

电子书目录设计实例

如图 3-20 所示，图中是一个已经做好的 I-Publish 电子书的目录，该电子书讲述了古都西安的文化。电子书的内容分为五章，分别介绍西安的城墙、宗教、石像、城堡和别墅。

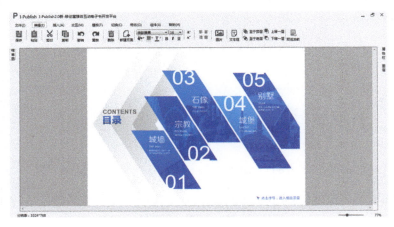

图 3-20　目录实例

特 别 提 示

当页面分辨率较大，在当前窗口中无法展示出整个页面内容时，用户可以使用【状态栏】提供的【缩放】功能，通过降低页面缩放比例来查看页面的全貌。当然，也可以通过提高页面缩放比例来查看某个控件的细节。

01 素材准备：如图 3-21 所示，该页面内容全是由一张张的图片组成的，其中一些图片主要传递文字信息，另一些图片则用作背景。因此，用户在制作该页面前需要准备相关图片文件。

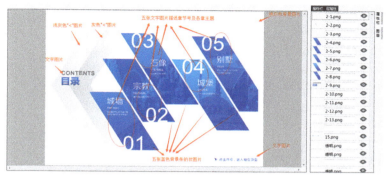

图 3-21　页面分析

特 别 提 示

需要指出的是，为了实现"点击序号，进入相应章节所在页面"的功能，上述实例在页面中的每个数字序号的上方添加了一张透明图片，并为其添加了点击实现页面跳转的交互事件。由于视图中看不出该效果，故未将其标记出来。

02 设置浅色背景图片和无限循环背景音乐，如图 3-22 所示。

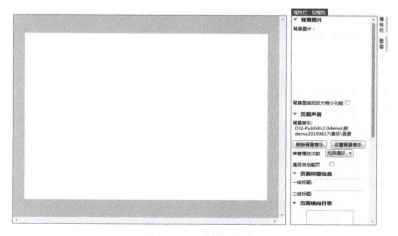

图 3-22　背景图片

03 添加两张"<"图片，如图 3-23 所示。

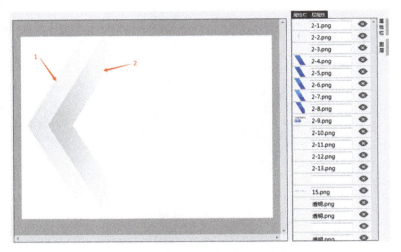

图 3-23　添加最底层两张图片

04 依次排列五张蓝色背景的条状图片，用来粗略地展示一些与主题相关的画面；同时也将它们用作后面要添加的文字信息图片的背景，如图 3-24 所示。

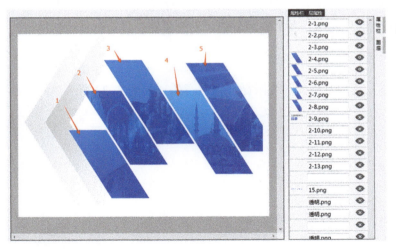

图 3-24　摆放五张图片做背景

用户可以自行安排每张图片添加的顺序,不一定要与实例中提供的顺序一致。但是,由于页面图片较多,用户需要特别注意图片的安放位置。

05 添加一些文字图片,直接传递页面信息,指出目录的具体内容以及一些操作提示,如图 3-25 所示。

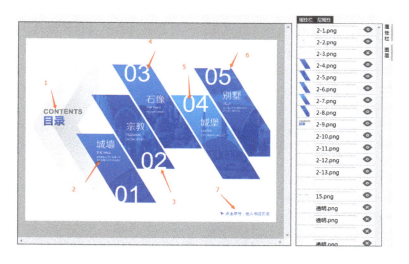

图 3-25 添加文字图片

用户应该合理地搭配文字和背景的颜色,以便清晰地表现主题内容。实例中的文字为白色文字,背景为蓝色背景。文字和图片的内容相互映衬,且都很直观地被表现出来了,用户可以此为参考。

06 由于页面图片较多,合理设置特效显得尤为重要,特别是特效的方向和延时属性,如图 3-26 和图 3-27 所示。

(a)向左飞入特效　(b)向左飞入特效　(c)向右飞入特效　(d)向上飞入特效

(e)向上飞入特效　(f)向下飞入特效　(g)向上飞入特效　(h)向下飞入特效

(i)淡入特效　　(j)淡入特效　　(k)淡入特效　　(l)淡入特效

(m)淡入特效　　(n)淡入特效

图 3-26　设置特效

特　别　提　示

为了让特效有序地展示给读者,用户需要为每个特效设置不同的持续时间和延时。

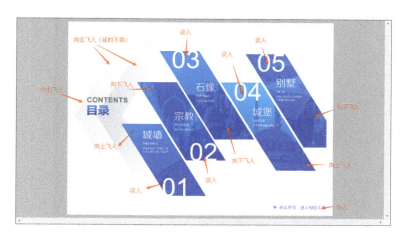

图 3-27　特效分布

07 设置交互事件：单击数字跳转到指定章节所在的页面。首先，在 "01"、"02"、"03"、"04" 和 "05" 所处页面位置的上方分别添加五张透明图片。然后，给这五张透明图片分别设置交互事件：【触摸】→【页面跳转】，如图 3-28 和 3-29 所示。

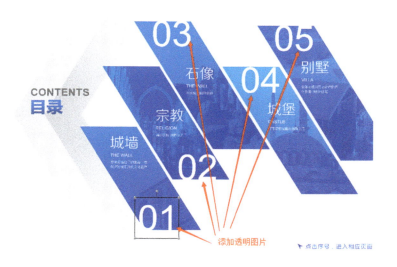

图 3-28　添加用于交互的透明图片

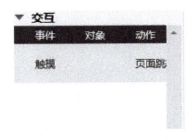

图 3-29　添加交互事件

特 别 提 示

添加的透明图片应该在大小上正好遮挡住其下方的数字，这样才能避免跳转效果
蔓延到页面上不合理的地方。

08 设置横 / 竖目录和翻页效果，如图 3-30 所示。

图 3-30　目录和翻页

09 页面内容制作完成，通过【交互】菜单的【预览当前】按钮预览页面效果。用户可以在本书配套的光盘资料中查看该页面的预览效果，这里就不再展示了。

3.4 正文

正文是电子书的主要内容，几乎包含了一本电子书要传达给读者的所有信息。因此，正文必须在内容上包含丰富的信息，在元素上体现出多元化，在表现上具有强烈的冲击力。正文设计的好坏，直接决定了整本电子书的质量，因此，用户在制作 I-Publish 电子书时，需要十分重视这一部分。

3.4.1 设计原则

I-Publish 提供了各种各样的控件元素，通过使用这些控件元素，电子书得以向读者传递丰富多彩的信息。正文作为一本电子书的主要组成成分，就是用来展示这些信息的地方。这些信息中有以文本、图片、动画、音频和视频为代表的基本信息，有以地图和网页为代表的网络信息，还有以特效、切换和交换为代表的增强信息。应该合理地使用 I-Publish 提供的控件元素和功能菜单来设计正文页面的内容。一般来说，电子书最主要的内容都是通过文字和图片表现出来的。因此，下面介绍一些设计原则，以便用户在组织正文内容时加以借鉴。

1. 图片的基本设置

图片的基本设置包括图片的坐标和宽高，用户可以通过拖曳的方式来修改图片的基本设置，也可以通过属性栏手动输入数字进行修改。页面中的图片必须大小合适且放在合适

的位置才能拥有较好的传递信息的能力。

2. 背景图片和背景音乐

添加浅色的背景图片能够避免影响主要图片信息的表达，同时又能够美化页面；或者以主要想表达的图片信息作为背景页面进行突出和强调。添加图片信息相关的背景音乐有利于读者理解图片内容。

3. 添加少量的说明文字

图片确实拥有很强的表现力，但与此同时也带来了读者无法准确理解图片内容的问题。因此，I-Publish 的用户需要为图片添加少量的文字来介绍图片中的信息。

4. 恰当的页面布局和层属性设置

由于图片一般会占据较多的页面位置，当多张图片和多个文本框组合在一起时更需要进行精细的页面布局和层次关系设置，以避免图片和图片、图片和文本、文本和文本之间相互重叠。

5. 炫酷的特效

利用【特效】菜单栏的功能，用户可以为图片添加进入、强调以及退出的效果，让图片炫动起来。特效的具体设置方法及其效果参考本书第 2 章《I-Publish 功能指南》的 2.7 小节。

6. 使用组件

【组件】菜单项为用户提供了更多用于处理图片的有用控件，比如【拉出框】、【渐变展示】、【多张效果】等。其中，【拉出框】可以在页面刚加载时隐藏其中的文字和图片，当读者想观看拉出框中的内容时可以随时通过手势将其拉出观看，这样能够优化页面，让页面整体上看起来更加简洁同时又富含信息；【渐变展示】能让图片在页面加载时，逐渐地显示出来而不是瞬间全部显示出来；【多张效果】特别适合处理用户希望在一个页面放置多张同一类型的图片信息的情况，并让它们水平或垂直滚动来节省页面空间。【组件】菜单项的具体使用方法及其效果参考本书第 2 章《I-Publish 功能指南》的 2.8 小节。

7. 优化对多张图片的处理

当同一类型的图片很多而无法平铺在一个页面时，用户就需要使用一些方便展示多张图片的控件来提高页面空间利用率。比如【插入】菜单项的 【360 度】、【帧动画】、【图片轮换】。【360 度】用来展示同一物品的一组水平方向的多视角照片；【帧动画】将多幅图片组织成动画效果进行展示；【图片轮换】在同一空间轮换展示一组不同的图片。它们都能极大地提高页面空间的利用率，丰富页面内容。【插入】菜单项的具体使用方法及其效果参考本书第 2 章《I-Publish 功能指南》的 2.3 小节。

8. 与用户进行交互

图片控件可以与用户进行交互以增强用户体验。通过使用 I-Publish 提供的【交互】菜单项为图片控件添加交互事件能够让电子书对用户行为进行响应，提高读者的参与感。交互事件的具体设置方法及其效果参考本书第 2 章《I-Publish 功能指南》的 2.4 小节。

9. 加入页面切换效果

可以通过加入翻页效果来为电子书增色，提高读者的实际阅读体验。页面切换效果的具体设置请参考本书第 2 章的 2.6 小节。

3.4.2 实例讲解

本小节中的实例是以本书提供的配套光盘中的电子书为蓝本展开的，用户在阅读时应该结合光盘中的素材，并积极动手制作。

1. 实例一：历史文化——西安城墙

素材"历史文化——西安城墙"如图 3-31 所示。

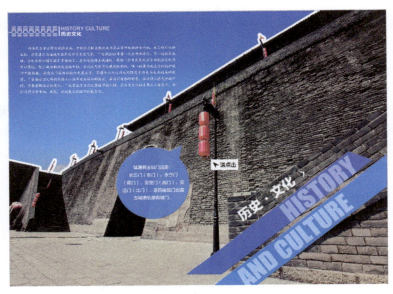

图 3-31　西安城墙

01 素材准备：如图 3-32 所示，该页面内容是由大量图片控件和逐帧动画控件组成的，因此，用户在制作该页面前需要准备相关图片。

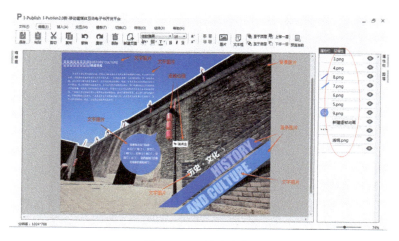

图 3-32 页面分析

02 添加背景图片和无限循环背景音乐，如图 3-33 所示。

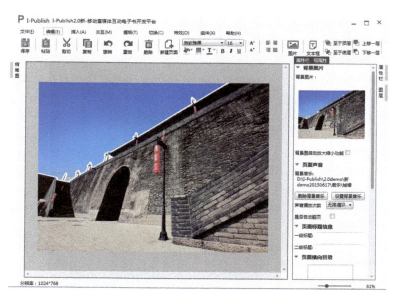

图 3-33 背景图片和音乐

03 添加包含文字信息的图片，以此来描述主题，介绍西安和古城墙历史。此处，用户需要合理地组织页面布局，如图 3-34 所示。

图 3-34　添加文字内容图片

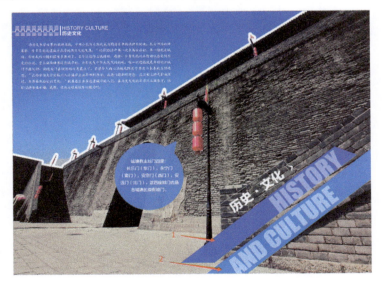

图 3-35　修饰

04 添加修饰性的纯色图片来突出文字信息，如图 3-35 所示。

05 添加逐帧动画，并勾选【浏览开始时自动播放】复选框，设置【动画播放次数】为无限循环播放。如图 3-36~3-39 所示，这样页面中【灯笼】就"闪烁"起来了；【请点击】上下"晃动"起来了，以提示用户点击。

图 3-36　添加逐帧动画

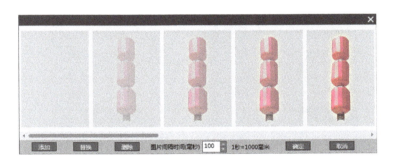

图 3-37　【灯笼】逐帧动画编辑页面

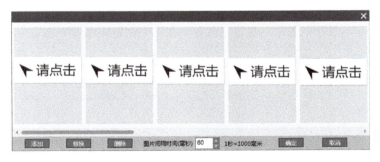

图 3-38　【请点击】逐帧动画编辑页面

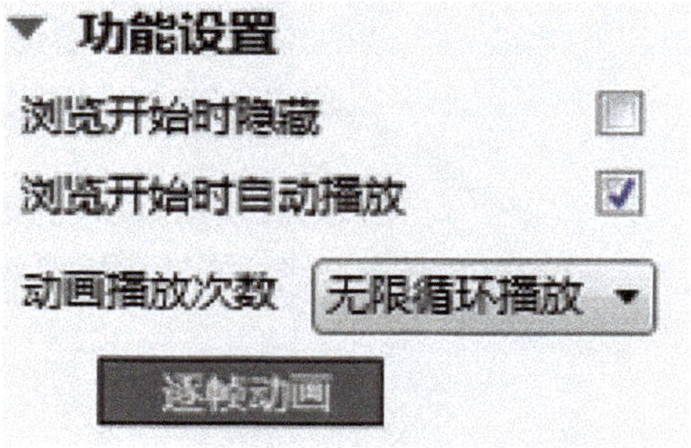

图 3-39 逐帧动画属性栏设置

06 为不同的图片设置不同的特效，如图 3-40 所示。

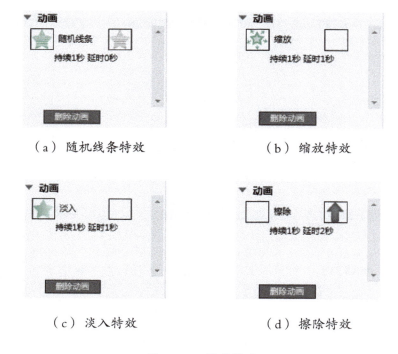

（a）随机线条特效   （b）缩放特效

（c）淡入特效   （d）擦除特效

图 3-40 设置特效

图 3-41 特效分布

07 添加交互事件：触摸【请点击】所在的图片区域，可以控制左侧文本图片的显示或隐藏，如图 3-42 所示。

图 3-42 交互事件

08 设置横 / 竖目录和翻页效果，如图 3-43 所示。

图 3-43 目录和翻页

09 页面内容制作完成，通过【交互】菜单的【预览当前】按钮预览页面效果。用户可以在本书配套的光盘资料中查看该页面的预览效果，这里就不再展示了。

2. 实例二：民声讲述——遗失的那些年

素材"民声讲述——遗失的那些年"，如图 3-44 所示。

图 3-44　遗失的那些年

01　素材准备：如图 3-45 所示，该页面内容是由一些文本框控件、图片控件和右侧拉出框控件组成的，因此，用户在制作该页面前需要准备相关图片和文字内容。

图 3-45　页面分析

02 设置浅色背景图片和添加无限循环背景音乐，如图 3-46 所示。

图 3-46　背景图片和音乐

03 添加图片和文本框，以此来描述主题、讲述民生故事。此处，用户需要合理地组织页面布局；合理地设置文本框的颜色、背景色和字体等，如图 3-47 所示。

图 3-47　添加图片和文本

04 添加拉出框，然后为其设置大量文本信息并配上纯蓝色背景图片来突出文字内容。此处，用户需注意合理搭配文本颜色和背景图片，如图 3-48 和 3-49 所示。

图 3-48　添加右方拉出框

图 3-49　设置拉出框内容

05 合理设置特效，如图 3-50 和 3-51 所示。

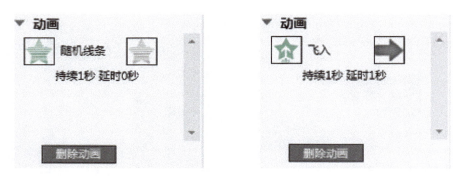

（a）随机线条特效　　　　　　　　（b）飞入特效

图 3-50　设置特效

图 3-51　特效分布

06 设置横 / 竖目录和翻页效果，如图 3-52 所示。

图 3-52　目录和翻页

07 页面内容制作完成，通过【交互】菜单的【预览当前】按钮预览页面效果。用户可以在本书配套的光盘资料中查看该页面的预览效果，这里就不再展示了。

3. 实例三：民声讲述——盛世流年·城市之心

素材"民声讲述——盛世流年·城市之心"，如图 3-53 所示。

图 3-53　盛世流年·城市之心

01　素材准备：如图 3-54 所示，该页面内容全是由一张张的图片组成的，其中背景图片上已经包含了大量的文字信息。因此，用户在制作该页面之前需要准备相关图片即可。

图 3-54　页面分析

02 设置浅色背景图片，如图 3-55 所示。

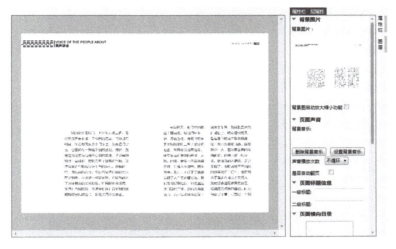

图 3-55 背景图片

03 添加更多的图片，以此来描述主题、讲述民生故事。此处，用户需要合理地组织页面布局，如图 3-56 所示。

图 3-56 添加图片

特 别 提 示

用户可以自行安排每张图片添加的顺序，不一定要与实例中提供的顺序一致。但是，由于页面图片较多，用户需要特别注意图片的安放位置。

04 由于页面图片较多,合理设置特效显得尤为重要,特别是特效的方向和延时属性,如图 3-57 所示。

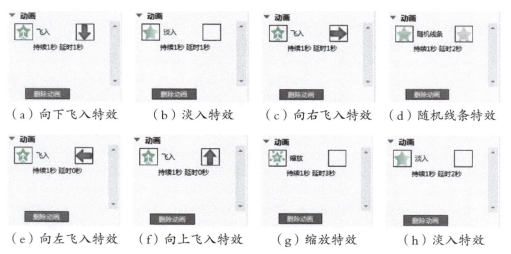

（a）向下飞入特效　　（b）淡入特效　　（c）向右飞入特效　　（d）随机线条特效

（e）向左飞入特效　　（f）向上飞入特效　　（g）缩放特效　　（h）淡入特效

图 3-57　设置特效

图 3-58　特效分布

特 别 提 示

【飞入】特效的设置建议依据控件在页面的位置来决定,如图 3-58 所示。

05 设置横/竖目录和翻页效果，如图 3-59 所示。

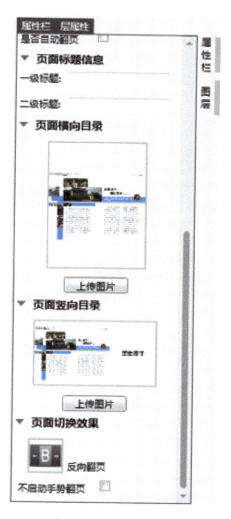

图 3-59　目录和翻页

06 页面内容制作完成，通过【交互】菜单的【预览当前】按钮预览页面效果。用户可以在本书配套的光盘资料中查看该页面的预览效果，这里就不再展示了。

269

4. 实例四：城记——古都·德黑兰

素材"城记——古都·德黑兰"，如图 3-60 所示。

图 3-60　古都·德黑兰

01 素材准备：如图 3-61~3-66 所示，该页面内容包含了大量的图片控件、一个文本框控件、一个视频控件和一张含有少量文字的白色背景图片，因此，用户在制作该页面前需要准备相关图片、文字和视频。

特 别 提 示

当页面控件元素较多，控件堆叠了很多层次时，用户应该活用 I-Publish 提供的【图层】窗口的快速选中和隐藏控件功能，以此来分析页面控件元素的相对层次关系。

图 3-61　最上层的两张小图片

图 3-62　第二层的图片

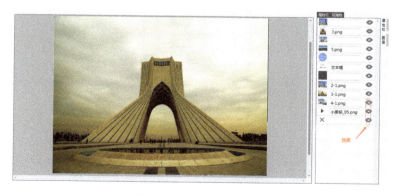

图 3-63　第三层的图片

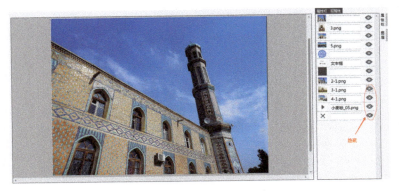

图 3-64　第四层的图片

图 3-65　第五层视频控件

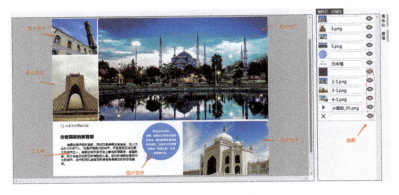

图 3-66　最底层页面控件

02 添加含有少量文字信息的纯白色背景图片，如图 3-67 所示。

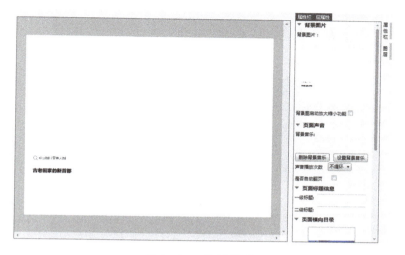

图 3-67　背景图片

03 合理组织最底层的图片和文本框控件，以此来描绘古都·德黑兰。此处，用户需要合理地组织页面布局，防止控件间的相互遮挡，特别是不要遮挡了背景图片上的少量文字信息，如图 3-68 所示。

图 3-68　合理组织底层文本和图片

04 添加视频控件，视频内容具有更大的表现力。视频控件一般较大，用户应该特别注意视频控件的摆放位置。勾选【浏览开始时隐藏】复选框，让视频在页面刚加载时隐藏，防止遮挡页面上其他内容，如图 3-69 所示。

图 3-69　添加视频

05 依次添加三张大图：为页面上描绘古都·德黑兰的三张小图配上更加突出展示效果的大图。设置它们的属性栏，勾选【浏览开始时隐藏】复选框，让这三张大图在页面刚加载时隐藏，以防止遮挡页面上其他内容。然后，为了提高电子书的可操作性，如读者浏览完大图后触摸大图即可将其再次隐藏，给三张大图分别添加交互事件来有效地控制它们的显示和隐藏的过程，如图 3-70~3-72 所示。

特 别 提 示

图例中为了展示方便，故意将依次添加的三幅大图错开。在实际项目中，这三张图是完全重叠的。

图 3-70　添加三张大图

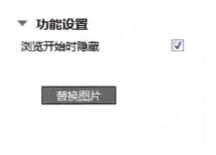

图 3-71　浏览开始时隐藏

（a）第一层图片　　　（b）第二层图片　　　（c）第三层图片

图 3-72　分别设置交互事件

06 添加最上层的两张小图标【▶】和【✖】，然后，为它们设置交互事件用来控制视频的播放和停止；当然为了提高可操作性，还设置了其他交互事件，用户也可以参考，如图 3-73~3-74 所示。

图 3-73　添加最上层图片

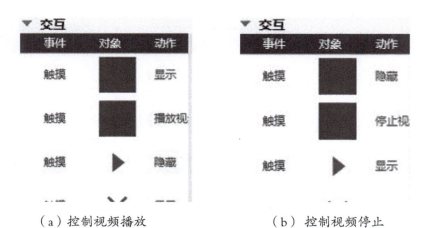

（a）控制视频播放　　　　　　（b）控制视频停止

图 3-74　分别设置交互事件

07 为之前添加在底层的三张小图添加交互事件，主要用来实现触摸以展示其对应的大图的效果；当然为了提高可操作性，还设置了其他交互事件，用户也可以参考，如图

3-75 所示。

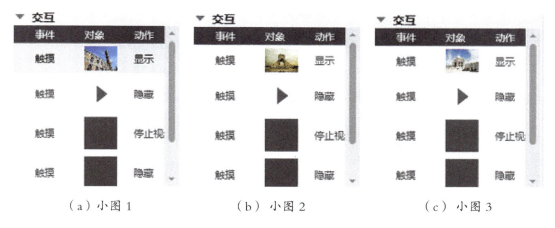

（a）小图 1 （b）小图 2 （c）小图 3

图 3-75　分别设置交互事件

08 为底层控件合理设置特效，如图 3-76 所示。

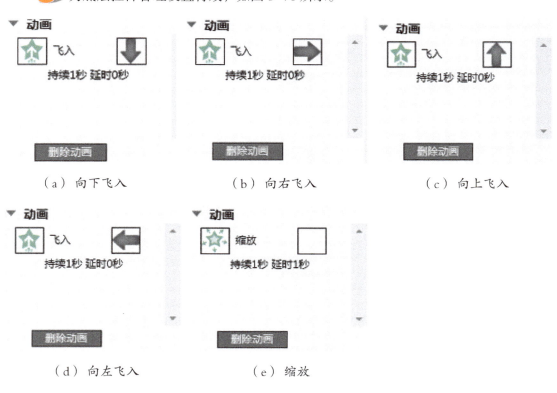

（a）向下飞入 （b）向右飞入 （c）向上飞入

（d）向左飞入 （e）缩放

图 3-76　设置特效

最终设置效果如图 3-77 所示。

图 3-77　特效分布

09 设置横 / 竖目录和翻页效果，如图 3-78 所示。

图 3-78　目录和翻页

10 页面内容制作完成，通过【交互】菜单的【预览当前】按钮预览页面效果。用户可以在本书配套的光盘资料中查看该页面的预览效果，这里就不再展示了。

5.实例五：城记——古都·巴扎

素材"城记——古都·巴扎"，如图 3-79 所示。

图 3-79 古都·巴扎

01 素材准备：如图 3-80 所示，该页面内容是由文本框控件、水平自动滚动控件、轮换图片控件以及含有少量信息的背景图片组成的，因此，用户在制作该页面前需要准备相关图片和文本信息。

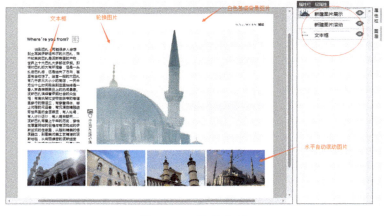

图 3-80 页面分析

02 添加含有少量文字信息的纯白色背景图片，如图 3-81 所示。

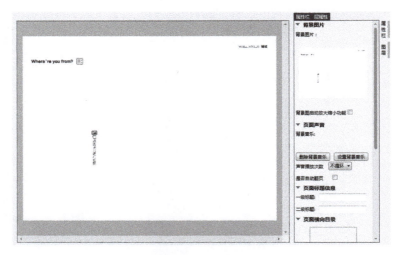

图 3-81　背景图片

03 添加包含大量图片信息的轮换图片控件，以此来描述主题，介绍古都·巴扎的风景，如图 3-82 和 3-83 所示。

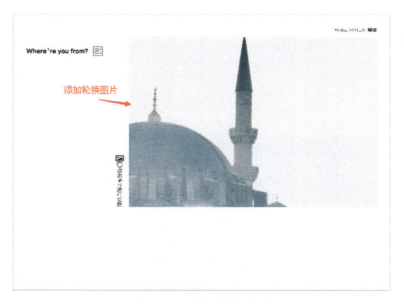

图 3-82　添加轮换图片

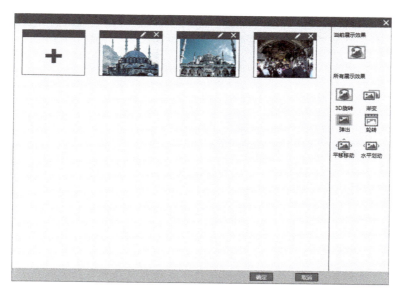

图 3-83　轮换图片编辑子页面

04 添加水平自动滚动图片控件，进一步描绘古都·巴扎的风景，从多角度进行展示，如图 3-84 和 3-85 所示。

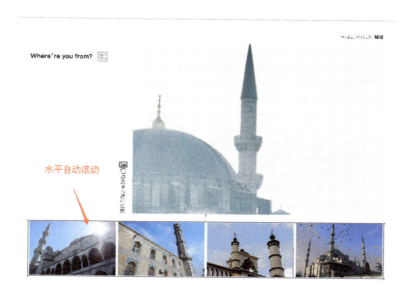

图 3-84　添加水平自动滚动

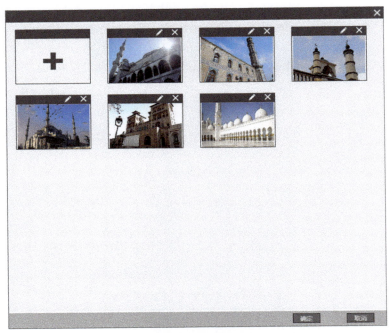

图 3-85　水平自动滚动编辑子页面

05 添加文本框，对图片内容进行补充说明，如图 3-86 所示。

图 3-86　添加文本框

特 别 提 示

用户要注意合理布局页面控件：文本、图片轮换、水平自动滚动以及背景图片，使页面内容清晰有序，切忌不要遮挡背景图片中的文字信息。

06 设置横/竖目录和翻页效果，如图3-87所示。

图3-87　目录和翻页

07 页面内容制作完成，通过【交互】菜单的【预览当前】按钮预览页面效果。用户可以在本书配套的光盘资料中查看该页面的预览效果，这里就不再展示了。

3.4.3 其他实例欣赏

1. 历史博物馆

实例欣赏——历史博物馆，如图 3-88 所示。

图 3-88　历史博物馆

2. 卧龙寺

实例欣赏——卧龙寺，如图 3-89 所示。

图 3-89　卧龙寺

3. 城怀新景

实例欣赏——城怀新景，如图 3-90 所示。

图 3-90　城怀新景

4. 西安城墙南门

实例欣赏——西安城墙南门，如图 3-91 所示。

图 3-91　西安城墙南门

3.5 尾页

3.5.1 尾页元素

相比首页，尾页的设计就简单很多了。尾页并不那么严格地遵从那三条设计原则，且尾页的内容比首页少一些。尾页常见的内容包括：

1. 配图

首页可以有 1~2 张与主题相关的配图。图片数量少时，可以放宽布局；图片数量多时，需要适当收紧布局。

2. 背景

首页应该有一个色调与主题匹配的背景，关于背景的选择可以参考原则二。

3. 动态效果

首页可以有 1~2 个动态效果，动态效果不局限于图片效果、文字效果、Flash 动画效果等，甚至可以跟主题、配图和背景结合使用。

4. 音乐

首页可以有 1 首结束背景音乐，与纸质书的很大不同是，电子书是可以有背景音乐的，这样能使得用户在打开电子书的同时，更了解电子书的主题。

5. 页面布局

首页需有一个合理的页面布局。

除此之外，尾页一般会出现电子书制作团队（个人）的介绍。如果是团队，一般以滚动列表的形式展示自己在电子书中的职务；而个人，通常是个人简介的滚动播放。

3.5.2 尾页素材

在了解了上述相关元素后，就可以开始着手准备尾页制作的相关素材了，包括：背景1 张、配图 1 ~ 2 张、音乐 1 段、人员名单（个人简介），如图 3-92 所示。

图 3-92　尾页示例

3.5.3 尾页制作

这里以图 3-106 为例子，介绍究竟如何来设计好一个电子书尾页，步骤如下：

01 在尾页的属性栏中插入一张背景图片，如图 3-93 所示。

图 3-93　插入背景图片

02 插入图片元素，如图 3-94 所示。

图 3-94　组合图片元素

03 插入人员清单。如图 3-95 所示，这里人员清单有个小技巧，可以采用【组件】
➡【多张效果】来完成该功能，选择第二个垂直滚动。

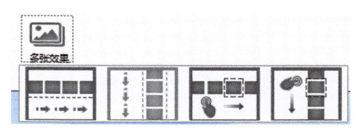

图 3-95　多张效果

04　在图片框中输入人员名单的图片,可以先用 Photoshop 等软件把图片裁剪好再添加。单击图片中的"+"号,按顺序添加图片,如图 3-96 所示。

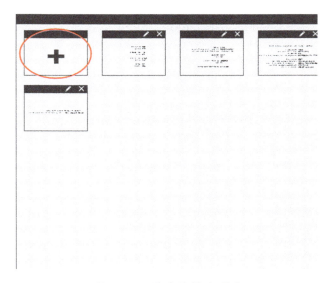

图 3-96　图片编辑子页面

05　添加完成滚动列表后,可以在页面【属性栏】→【功能设置】中看到刚才制作好的图片滚动项。如果需要修改,点击【编辑图片滚动】即可,如图 3-97 所示。

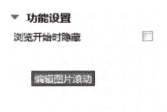

图 3-97　属性栏编辑图片滚动

06 摆放好滚动图片的位置，调整好大小，如图 3-98 所示。

图 3-98　合理布局

07 为了适当地增加尾页的立体感，可以让左方的旌旗在后期落下。【特效】→【飞入】，持续 1 秒，延时 0 秒，如图 3-99 所示。

图 3-99　添加特效

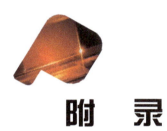

附 录

附录1 常见的图像数据格式

　　图像是客观对象的一种相似性的、生动性的描述或写真，是人类社会活动中最常用的信息载体。也可以说图像是客观对象的一种表示，它包含了被描述对象的有关信息。根据图像记录方式的不同，图像可分为两大类：模拟图像和数字图像。模拟图像可以通过某种物理量（如光、电等）的强弱变化来记录图像亮度信息，例如模拟电视图像；而数字图像则是用计算机存储的数据来记录图像上各点的亮度信息。不同的图像格式以不同的方式来表示图形的信息，下面介绍一下常用的图像数据格式。

1. 主流的图像数据格式

（1）BMP 格式（外语全称：Bitmap）

BMP（Windows 标准位图）是最普遍的点阵图格式之一，也是 Windows 操作系统下的标准图像文件格式，能够被丰富的 Windows 应用程序所支持。它将 Windows 下显示的点阵图以无损形式保存成文件，这种格式的特点是包含的图像信息较丰富，几乎不进行压缩，但由此也导致了它与生俱来的缺点——占用磁盘空间过大，所以，BMP 在单机上比较流行。

（2）JPG/JPEG 格式（外语全称：Joint Photographic Experts Group）

JPG/JPEG（联合图形专家组图片格式）最适合于使用真彩色或平滑过渡式的照片和图片。该格式使用有损压缩来减少图片的大小，因此用户将看到随着文件的减小，图片的质量也降低了，当图片转换成 .jpg 或者 .jpeg 后缀的文件时，图片中的透明区域将转化为纯色。总之，JPEG 图片采用了十分先进的压缩技术，它用有损压缩方式去除冗余的图像和彩色数据，因而在获取极高的压缩率的同时能展现十分丰富生动的图像，换句话说，就是可以用最少的磁盘空间得到较好的图像质量。

同时，JPEG 还是一种很灵活的格式，具有调节图像质量的功能，允许使用不同的压缩比例对这种文件压缩，比如最高可以把 1.38MB 的 BMP 位图文件压缩成 20.3KB 的 JPEG 图片，而且完全可以让用户在图像质量和文件尺寸之间找到平衡点。

由于 JPEG 优异的品质和杰出的表现，特别是在网络和光盘读物上，都能找到它的影子。各类浏览器均支持 JPEG 这种图像格式，因为 JPEG 格式的文件尺寸较小，下载速度快，使得 Web 页有可能以较短的下载时间提供大量美观的图像，JPEG 也就顺理成章地成为网络上最受欢迎的图像格式。

（3）GIF 格式（外语全称：Graphics Interchange Format）

GIF（图形交换格式）是美国一家著名的在线信息服务机构 CompuServe 针对当时网络传输带宽的限制而开发出来的图像格式，它最适合用于线条图（如最多含有 256 色）的剪贴画以及使用大块纯色的图片。该格式使用无损压缩来减少图片的大小，压缩比高，磁盘空间占用较少。当用户要保存图片为 .gif 时，可以自行决定是否保存透明区域或者转换为纯色。同时，通过多幅图片的转换，GIF 格式还可以保存动画文件。但要注意的是，GIF 最多只能支持 256 色。此外，考虑到网络传输中的实际情况，GIF 图像格式还增加了渐显方式，即在图像传输过程中，用户可以先看到图像的大致轮廓，然后随着传输过程的继续而逐步看清图像中的细节部分，从而适应了用户"从朦胧到清楚"的观赏心理。

（4）JPEG2000 格式

JPEG2000 同样是由 JPEG 组织负责制定的，它有一个正式名称，叫作"ISO 15444"。与 JPEG 相比，它是具备更高压缩率以及更多新功能的新一代静态影像压缩技术。

JPEG2000 作为 JPEG 的升级版，压缩率比 JPEG 高约 30% 左右。与 JPEG 不同的是，JPEG2000 同时支持有损和无损压缩，而 JPEG 只能支持有损压缩。无损压缩对保存一些重要图片是十分有用的。JPEG2000 的一个极其重要的特征在于它能实现渐进传输，这一点与 GIF 的"渐显"有异曲同工之妙，即先传输图像的轮廓，然后逐步传输数据，不断提高图像质量，让图像由朦胧到清晰，而不必像现在的 JPEG 一样，由上到下慢慢显示。

此外，JPEG2000 还支持所谓的"感兴趣区域"特性，即可以任意指定影像上用户感

兴趣区域的压缩质量，还可以选择指定的部分先解压缩。JPEG2000 和 JPEG 相比优势明显，且向下兼容，因此取代传统的 JPEG 格式指日可待。

JPEG2000 可应用于传统的 JPEG 市场，如扫描仪、数码相机等；亦可应用于新兴领域，如网络传输、无线通讯等。

（5）TIFF 格式（外语全称：TagImage FileFormat）

TIFF（标签图像文件格式）是 Mac 中广泛使用的图像格式，由 Aldus 和微软联合开发，最初是出于跨平台存储扫描图像的需要而设计的。它的特点是图像格式复杂、存贮信息多。正因为它存储的图像细微层次的信息非常多，图像的质量也得以提高，故而非常有利于原稿的复制。

该格式有压缩和非压缩两种形式，其中压缩可采用 LZW 无损压缩方案存储。不过，由于 TIFF 格式结构较为复杂，兼容性较差，有时用户的软件可能不能正确识别 TIFF 文件（现在绝大部分软件都已解决了这个问题）。目前在 Mac 和 PC 机上移植 TIFF 文件也十分便捷，因而 TIFF 现在也是微机上使用最广泛的图像文件格式之一。

（6）PSD 格式（外语全称：Photoshop Document）

PSD 是著名的 Adobe 公司的图像处理软件 Photoshop 的专用格式。PSD 其实是 Photoshop 进行平面设计的一张"草稿图"，它里面包含有各种图层、通道、遮罩等多种设计的样稿，以便于下次打开文件时可以修改上一次的设计。在 Photoshop 所支持的各种图像格式中，PSD 的存取速度比其他格式快很多，功能也很强大。由于 Photoshop 越来越被广泛地应用，所以我们有理由相信，这种格式也会逐步流行起来。

（7）PNG 格式（外语全称：Portable Network Graphics）

PNG（可移植的网络图形格式）是一种新兴的网络图像格式。在 1994 年底，由于 Unysis 公司宣布对 GIF 拥有专利的压缩方法，要求开发 GIF 软件的作者须交一定费用，由此促使免费的 PNG 图像格式的诞生。PNG 一开始便结合 GIF 及 JPEG 之长，打算一举取代这两种格式。1996 年 10 月 1 日由 PNG 向国际网络联盟提出并得到推荐认可标准，并且大部分绘图软件和浏览器开始支持 PNG 图像浏览，从此 PNG 图像格式生机焕发。

PNG 是目前保证最不失真的格式，它汲取了 GIF 和 JPEG 二者的优点，存贮形式丰富，兼有 GIF 和 JPEG 的色彩模式；它的另一个特点能把图像文件压缩到极限以利于网络传输，但又能保留所有与图像品质有关的信息，因为 PNG 是采用无损压缩方式来减少文件的大小，这一点与牺牲图像品质以换取高压缩率的 JPEG 有所不同；它的第三个特点是显示速度很快，只需下载 1/64 的图像信息就可以显示出低分辨率的预览图像；第四，PNG 同样支持透明图像的制作，透明图像在制作网页图像的时候很有用，我们可以把图像背景设为透明，用网页本身的颜色信息来代替设为透明的色彩，这样可让图像和网页背景很和谐地融合在一起。

PNG 的缺点是不支持动画应用效果，如果在这方面能有所加强，简直就可以完全替代 GIF 和 JPEG 了。Macromedia 公司的 Fireworks 软件的默认格式就是 PNG。现在，越来越多的软件开始支持这一格式，而且在网络上也越来越流行。

（8）SWF 格式（外语全称：Shockwave Format）

利用 Flash 我们可以制作出一种后缀名为 swf 的动画，这种格式的动画图像能够用比较小的体积来表现丰富的多媒体形式。在图像的传输方面，不必等到文件全部下载才能观看，而是可以边下载边观看，因此特别适合网络传输，特别是在传输速率不佳的情况下，也能取得较好的效果。事实也证明了这一点，SWF 如今已被大量应用于 Web 网页进行多媒体演示与交互性设计。此外，SWF 动画是基于矢量技术制作的，因此不管将画面放大多少倍，画面不会因此而有任何损害。综上，SWF 格式作品以其高清晰度的画质和小巧的体积，受到了越来越多网页设计者的青睐，也越来越成为网页动画和网页图片设计制作的主流，目前已成为网上动画的事实标准。

（9）SVG 格式（外语全称：Scalable Vector Graphics）

SVG（可缩放矢量图形）可以算是目前较为火热的图像文件格式了。它是基于 XML（Extensible Markup Language），由 World Wide Web Consortium（W3C）联盟开发的。严格来说，SVG 是一种开放标准的矢量图形语言，可让用户设计激动人心的、高分辨率的 Web 图形页面。用户可以直接用代码来描绘图像，可以用任何文字处理工具打开 SVG 图像，通过改变部分代码来使图像具有交互功能，并可以随时插入到 HTML 中通过浏览器来观看。

SVG 提供了目前网络流行格式 GIF 和 JPEG 都无法具备的优势：它可以任意放大图形显示，但绝不会以牺牲图像质量为代价；字在 SVG 图像中保留可编辑和可搜寻的状态；

总体来讲，SVG 文件比 JPEG 和 GIF 格式的文件要小很多，因而下载也很快。可以相信，SVG 的开发将会为 Web 提供新的图像标准。

虽然主流的图像格式有很多，但是网页上较普遍使用的格式为 GIF 和 JPG/JPEG。因其在网上的装载速度很快，所有较新的图像软件都支持 GIF、JPEG 格式。要创建一张 GIF 或 JPEG 图片，只需将图像软件中的图片保存为这两种格式即可。但 GIF 和 JPEG 哪个更好一点呢？回答是，要根据图形的情况而定。

一个可能的基本考虑是所用图形的类型。如果图形使用了很多颜色，特别是不同颜色相互交叉，最好是采用 JPEG 格式；如果所用图形的颜色比较简单，应采用 GIF 格式。多颜色图形采用 JPEG 格式的原因是，JPEG 可以保存几百万种颜色，而 GIF 只局限于 256 种颜色。

另一个重要的问题是文件的尺寸。JPEG 允许压缩比大一些；GIF 的压缩比小一些。对于比较大的图形，宜采用 JPEG。JPEG 几乎能保持图形的原貌。

最后，GIF 可以做到一些 JPEG 不能做到的事情。比如，用户可以对 GIF 进行交织处理。交织处理的 GIF 图形可以先以低清晰度全部下载，然后再慢慢变清晰。这样，读者就可以先快速看到是一个什么图形。而 JPEG 则只能一行一行地下载，直到全图下载完毕，才可以看到整个图形。

2. 其他非主流图像格式

（1）PCX 格式（外语全称：PC Paintbrush Exchange）

PCX 格式是 ZSOFT 公司在开发图像处理软件 Paintbrush 时开发的一种格式，也是被最广泛接受的 DOS 图像标准之一。PCX 是一种经过压缩的格式，占用磁盘空间较少。该格式出现的时间较长，并且具有压缩及全彩色的能力，但是这种使用格式已经被其他更复杂的图像格式如 GIF、JPEG、PNG 渐渐取代。

（2）DXF 格式（外语全称：Autodesk Drawing Exchange Format）

DXF 是 Autodesk 公司开发的用于 AutoCAD 与其他软件之间进行 CAD 数据交换的 CAD 数据文件格式，它在表现图形的大小方面十分精确。DXF 是一种开放的矢量数据格式，可以分为两类：ASCII 格式和二进制格式。其中，ASCII 格式具有可读性好的特点，

但占有空间较大；而二进制格式则占有空间小、读取速度快。由于 AutoCAD 是现在最流行的 CAD 系统，DXF 也被广泛使用，成为事实上的标准。绝大多数 CAD 系统都能读入或输出 DXF 文件。

（3）WMF 格式（外语全称：Windows Metafile Format）

WMF 是 Windows 中常见的一种图元文件格式，是由简单的线条和封闭线条（图形）组成的矢量图。它具有文件短小、图案造型化的特点，整个图形常由各个独立的组成部分拼接而成，往往较粗糙。

（4）EMF 格式（外语全称：Enhanced Metafile）

EMF 是微软公司为了弥补使用 WMF 的不足而开发的一种 Windows 32 位扩展图元文件格式，也属于矢量文件格式，其目的是使图元文件更加容易被接受。

（5）FLI/FLC 格式

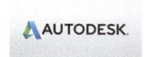

Flic 格式由 Autodesk 公司研制而成，FLIC 是 FLC 和 FLI 的统称。FLI 是最初的基于 320×200 分辨率的文件格式，而 FLC 则采用了更高效的数据压缩技术，其分辨率也有了不少提高。

（6）EPS 格式（外语全称：Encapsulated Post Script）

EPS 是跨平台的标准格式，PC 机用户较少使用，而苹果 Mac 机的用户则用得较多。它是用 Post Script 语言描述的一种 ASCII 码文件格式，主要用于排版、打印等输出工作，也可以描述矢量信息和位图信息。

（7）TGA 格式（外语全称：Tagged Graphics）

TGA 是由美国 Truevision 公司为其显示卡开发的一种图像文件格式，已被国际上的图形、图像工业所接受。TGA 的结构比较简单，属于一种图形、图像数据的通用格式，在多媒体领域有着很大影响，是计算机生成图像向电视转换的一种首选格式。

附录 2　常见的音频数据格式

　　音频是指人耳可以听到的频率在 20Hz ~ 20kHz 之间的声波，也指存储声音内容的计算机文件。音频格式是指要在计算机内播放或是处理的用来存储声音的音频文件的格式。不同的音频格式对声音文件进行数、模转换的过程不同。音频格式最大带宽是 20kHz，速率介于 40kHz ~ 50kHz 之间，采用线性脉冲编码调制 PCM，每一量化步长都具有相等的长度。下面来介绍一些常见的音频数据格式。

1. MP3 格式

　　MP3 的全称是 Moving Picture Experts Group Audio Layer III。MP3 格式诞生于 20 世纪 80 年代的德国，所谓的 MP3 指的是 MPEG 标准中的音频部分，也就是 MPEG 音频层。简单说来，MP3 就是一种音频压缩技术，由于这种压缩方式的全称叫 MPEG Audio Layer3，所以人们把它简称为 MP3。MP3 是利用 MPEG Audio Layer 3 的技术，将音乐以 1:10 甚至 1:12 的压缩率，压缩成容量较小的文件。MP3 格式能够在音质损失很小的情况下，把文件压缩到更小的程度。正是因为 MP3 体积小、音质高的特点，MP3 格式几乎成为网上音乐的代名词。每分钟音乐的 MP3 格式大小只有 1MB 左右，这样每首歌的大小只有 3 ~ 4MB。使用 MP3 播放器对 MP3 文件进行实时的解压缩（解码），这样高品质的 MP3 音乐就播放出来了。

　　MP3 格式压缩音乐的采样频率有很多种，可以用 64Kbps 或更低的采样频率节省空间，也可以用最高 320Kbps 的标准来达到极高的音质。

2. WMA 格式

　　WMA 的全称是 Windows Media Audio，是微软力推的一种音频格式。WMA 格式是以减少数据流量但保持音质的方法来达到更高的压缩率目的，其压缩率一般可以达到 1:18，

生成的文件大小只有相应 MP3 文件的一半。这对只装配 32MB 的机型来说是相当重要的，支持了 WMA 和 RA 格式，意味着 32MB 的空间在无形中扩大了 2 倍。此外，WMA 还可以通过 DRM（Digital Rights Management）方案加入防止拷贝，或者加入限制播放时间和播放次数甚至是播放机器，可有力地防止盗版。WMA 还支持音频流 (Stream) 技术，适合在网络上在线播放，作为微软抢占网络音乐的开路先锋可以说是技术领先、风头强劲，更方便的是它不用像 MP3 那样需要安装额外的播放器，而 Windows 操作系统和 Windows Media Player 的无缝捆绑让用户只要安装了 Windows 操作系统就可以直接播放 WMA 音乐。最后，需要补充的是，128Kbps 为 WMA 的最优压缩比，128Kbps WMA=192Kbps MP3。

3. WAV 格式

WAV 格式是微软公司开发的一种声音文件格式，也叫波形声音文件，是最早的数字音频格式，它符合 PIFFResource Interchange File Format 文件规范，用于保存 Windows 平台的音频信息资源，被 Windows 平台及其应用程序广泛支持。WAV 格式支持许多压缩算法，支持多种音频位数、采样频率和声道，采用 44.1kHz 的采样频率、16 位量化位数，因此 WAV 的音质与 CD 相差无几。但 WAV 是一种无损压缩格式，其对存储空间需求太大而不便于交流和传播。

4. ASF 格式

ASF 的全称是 Advanced Streaming Format，是 Microsoft 为 Windows 98 所开发的串流多媒体文件格式，适合在网络上播放。ASF 是微软公司 Windows Media Service 的核心，音频、视频、图像以及控制命令脚本等多媒体信息通过 ASF 格式，以网络数据包的形式传输，可以实现流式多媒体内容发布。其中，在网络上传输的 ASF 内容称为 ASF Stream，它可以一边下载一边实时播放，无需下载完再听。ASF 支持任意的压缩 / 解压缩编码方式，并可以使用任何一种底层网络传输协议，具有很大的灵活性。Windows Media On–Demand Producer 则是制作 ASF 档案的免费软件，让即使是初学者也能很轻易地利用现成的 WAV 或 AVI

档案制作 ASF 文件。

5. AAC 格式

AAC 的全称是 Advanced Audio Coding，它实际上是高级音频编码的缩写。AAC 是由 Fraunhofer IIS-A、杜比实验室和 AT&T 等共同开发的一种音频格式，它是 MPEG-2 规范的一部分。AAC 所采用的运算法则与 MP3 的运算法则有所不同，AAC 通过结合其他的功能来提高编码效率。AAC 的音频算法在压缩能力上远远超过了以前的一些压缩算法（比如 MP3 等）。它还同时支持多达 48 个音轨、15 个低频音轨、更多种采样率和比特率、多种语言的兼容能力、更高的解码效率。总之，AAC 可以在比 MP3 文件缩小 30% 的前提下提供更好的音质。AAC 属于有损压缩的格式，它是目前最好的有损格式之一。但是与时下流行的 APE、FLAC 等无损格式相比音质仍然存在"本质上"的差距。

总的来讲，AAC 可以说是极为全面的编码方式。一方面，多声道和高采样率的特点使得它非常适合未来的 DVD-Audio；另一方面，低码率下的高音质则使它也适合移动通讯、网络电话、在线广播等领域，真是全能的编码方式。

6. MP3Pro 格式

MP3Pro 是 MP3 编码格式的升级版本。MP3Pro 是由瑞典 Coding 科技公司开发的，在保持相同的音质下同样可以把声音文件的文件量压缩到原有 MP3 格式的一半大小。而且可以在基本不改变文件大小的情况下改善原先的 MP3 音乐音质。它能够在用较低的比特率压缩音频文件的情况下，最大程度地保持压缩前的音质。MP3pro 可以实现完全的兼容。经过 MP3Pro 压缩的文件，扩展名仍旧是 .mp3，可以在老的 MP3 播放器上播放：而老的 MP3 文件也可以在新的 MP3pro 播放器上进行播放，实现了该公司所谓的"向前向后兼容"。

7. VQF 格式

VQF 指的是 TwinVQ，它的全称是 Transform-domain WeightedI Nterleave Vector Quantization。VQF 是由 YAMAHA 和 NTT 共同开发的一种音频压缩技术，它所采用的是一种称为"矢量化编码（vectorquantization）"的压缩技术，这种压缩技术对计算机的配置要求为

奔腾 75 或更高。VQF 的压缩率能够达到 1:18，因此相同情况下压缩后 VQF 的文件体积比 MP3 小 30%~50%，更便利于网上传播，同时音质极佳，接近 CD 音质（16 位 44.1kHz 立体声）。VQF 格式的目的是对音乐而不是声音进行压缩，该技术先将音频数据矢量化，然后对音频波形中相类似的波形部分统一与平滑化，并强化突出人耳敏感的部分，最后对处理后的矢量数据标量化再进行压缩而成。

VQF 使用范围从电话、AM 短波乃至音频 CD。从单声道信号到立体声信号，它都能提供很好的编码 / 压缩支持，同时它还有纠错能力。VQF 特别提供了一个纠错环境来处理数据错误及帧丢失的情况。它使用修正帧频率技术，然后强化矢量量化以保证音质。但 VQF 未公开技术标准，至今未能流行开来。

8. FLAC 格式

FLAC 是 Free Lossless Audio Codec 的缩写，中文可理解为无损音频压缩编码。FLAC 是一套著名的自由音频压缩编码，其特点是无损压缩。不同于其他有损压缩编码如 MP3 及 AAC，它不会破坏任何原有的音频资讯，所以可以还原音乐光盘音质。FLAC 现在已被很多软件及硬件音频产品所支持。

简而言之，FLAC 与 MP3 相仿，但它是无损压缩的，也就是说音频以 FLAC 方式压缩不会丢失任何信息。这种压缩与 Zip 的方式类似，但是 FLAC 将提供更大的压缩比率，因为 FLAC 是专门针对音频的特点设计的压缩方式，并且可以使用播放器播放 FLAC 压缩的文件，就像通常播放的 MP3 文件一样。

FLAC 是免费的并且支持大多数的操作系统，包括 Windows、基于 Unix Like 内核（如 Linux、BSD、Solaris、IRIX、AIX 等）而开发的系统、BeOS、OS/2 和 Amiga。并且 FLAC 提供了基于开发工具

autotools、MSVC、Watcom C、Project Builder 的 build 系统。现各大网站都有 FLAC 音乐下载，发布者一般是购买 CD 后把 .cda 音轨直接抓取成 .flac，以保证光盘的原无损质量。

9. APE 格式

APE 是目前流行的数字音乐文件格式之一，因出现较早，其有着广泛的用户群。与 MP3 等有损压缩方式不可逆转地删除数据以缩减源文件体积不同，APE 是一种无损压缩

音频技术。也就是说当用户将从音频 CD 上读取的音频数据文件压缩成 APE 格式后，他还可以再将 APE 格式的文件还原，而还原后的音频文件与压缩前的一模一样，没有任何损失。因为，APE 是以更精炼的记录方式来缩减体积，使还原后数据与源文件一样，从而保证了文件的完整性。APE 的文件大小大概为 CD 的一半，但是随着宽带的普及，APE 格式受到了许多音乐爱好者的喜爱，特别是对于希望通过网络传输音频 CD 的朋友来说，APE 可以帮助他们节约大量的资源。 APE 由软件 Monkey's audio 压制得到，开发者为 Matthew T. Ashland，源代码开放，因其界面上有只"猴子"标志而出名。

10. MIDI 格式

MIDI 是英语 Music Instrument Digital Interface 的缩写，翻译过来就是"数字化乐器接口"，也就是说它的真正含义是一个供不同设备进行信号传输的接口的名称。我们如今的 MIDI 音乐制作全都要靠这个接口，在这个接口之间传送的信息也就叫 MIDI 信息。MIDI 最早是应用在电子合成器（一种用键盘演奏的电子乐器）上，由于早期的电子合成器的技术规范不统一，不同的合成器的连接很困难，在 1983 年 8 月，YAMAHA、ROLAND、KAWAI 等著名的电子乐器制造厂商联合指定了统一的数字化乐器接口规范，这就是 MIDI1.0 技术规范。此后，各种电子合成器以及电子琴等电子乐器都采用了这个统一的规范，这样，各种电子乐器就可以互相链接起来，传达 MIDI 信息，形成一个真正的合成音乐演奏系统。

MIDI 是编曲界应用最广泛的音乐标准格式，可称为"计算机能理解的乐谱"。它用音符的数字控制信号来记录音乐。一首完整的 MIDI 音乐只有几十 KB 大，而能包含数十条音乐轨道。几乎所有的现代音乐都是用 MIDI 加上音色库来制作合成的。MIDI 传输的不是声音信号，而是音符、控制参数等指令，它指示 MIDI 设备要做什么、怎么做，如演奏哪个音符、多大音量等。

由于多媒体计算机技术的迅速发展，计算机对数字信号的强大的处理能力使得计算机处理 MIDI 信息成为顺理成章的事情，所以，现在不少人把 MIDI 音乐称为电脑音乐。事实上，利用多媒体计算机不但可以播放、创作和实时地演奏 MIDI 音乐，甚至可以把 MIDI 音乐转变成看得见的乐谱（五线谱或简谱）打印出来；反之，也可以把乐谱变成美妙的音乐。MIDI 的这个性质，可以用于音乐教学（尤其是识谱），让学生利用计算机学习音乐知识和创作音乐。

11. OGG 格式

OGG 的全称是 OGG Vorbis，它是一种新的音频压缩格式，类似于 MP3 等现有的音乐格式。但有一点不同的是，它是完全免费、开放和没有专利限制的。OGG Vorbis 有一个很出众的特点，就是支持多声道，随着它的流行，以后用随身听来听 DTS 编码的多声道作品将不再是梦想。Vorbis 是这种音频压缩机制的名字，而 OGG 则是一个计划的名字，该计划意图设计一个完全开放性的多媒体系统。目前该计划只实现了 OGG Vorbis 这一部分。

OGG Vorbis 文件的扩展名是 .OGG。这种文件的设计格式是非常先进的。现在创建的 OGG 文件可以在未来的任何播放器上播放，因此，这种文件格式可以不断地进行大小和音质的改良，而不影响旧有的编码器或播放器。

OGG 是目前最好的有损压缩格式之一，它使用更加先进的声学模型去减少损失，因此，同样位速率（Bit Rate）编码的 OGG 与 MP3 相比听起来更好一些。OGG 的最高比特率是 500Kbps。

附录 3 常见的视频数据格式

视频（Video）泛指将一系列静态影像以电信号的方式加以捕捉、记录、处理、储存、传送与重现的各种技术。视频文件可以以不同的格式进行存储，常见的视频格式有以下几种。

1. AVI 格式

AVI 是 Audio Video Interleaved 的英文缩写，即音频视频交错，它是将语音和影像同步组合在一起的文件格式。AVI 这个由微软公司发表的视频格式，在视频领域可以说是悠久的格式之一。它对视频文件采用了一种有损压缩方式，但压缩比较高，因此尽管画面质量不是太好，但其应用范围仍然非常广泛。AVI 支持 256 色和 RLE 压缩。AVI 信息主要应用在多媒体光盘上，用来保存电视、电影等各种影像信息。

2. MPEG/MPG/DAT 格式

MPEG 是 Motion Picture Experts Group 的英文缩写，即运动图像专家组。这类格式包括了 MPEG-1、MPEG-2 和 MPEG-4 在内的多种视频格式。MPEG-1 相信是大家接触得最多的了，因为其正在被广泛地应用在 VCD 的制作和一些视频片段下载的网络应用上面，大部分的 VCD 都是用 MPEG-1 格式压缩的（刻录软件自动将 MPEG-1 转换为 DAT 格式）。使用 MPEG-1 的压缩算法，可以把一部 120 分钟长的电影压缩到 1.2 GB 左右大小。MPEG-2 则是应用于 DVD 的制作，同时 MPEG-2 在一些 HDTV（高清晰电视广播）和一些高要求视频编辑、处理上面也有相当多的应用，使用 MPEG-2 的压缩算法可以将一部 120 分钟长的电影压缩到 5 ~ 8 GB 的大小（需要提到的是，MPEG-2 的图像质量是 MPEG-1 无法比拟的）。MPEG 系列标准已成为国际上影响最大的多媒体技术标准，其中

MPEG-1 和 MPEG-2 是采用相同原理为基础的预测编码、变换编码、熵编码及运动补偿等第一代数据压缩编码技术；MPEG-4（ISO/IEC 14496）则是基于第二代压缩编码技术制定的国际标准，它以视听媒体对象为基本单元，采用基于内容的压缩编码，以实现数字视音频、图形合成应用及交互式多媒体的集成。MPEG 系列标准对 VCD、DVD 等视听消费电子及数字电视（DTV）和高清晰度电视（HDTV）、多媒体通信等信息产业的发展产生了巨大而深远的影响。

3. MOV 格式

MOV 是 QuickTime 的影片格式，它是 Apple 公司开发的一种音频、视频文件格式，用于存储常用数字媒体类型。它是一种大家熟悉的流式视频格式，在某些方面甚至比 WMV 和 RM 更优秀，并能被众多的多媒体编辑及视频处理软件所支持，用 MOV 格式来保存影片是一个非常好的选择。

4. ASF 格式

ASF 是 Advanced Streaming format 的英文缩写，即高级流格式。ASF 是 Microsoft 为了和现在的 Real player 竞争而发展出来的一种可以直接在网上观看视频节目的文件压缩格式。ASF 使用了 MPEG-4 的压缩算法，压缩率和图像的质量都很不错。因为 ASF 是以一个可以在网上即时观赏的视频流格式，所以它的图像质量比 VCD 差一点点，但是比同是视频流格式的 RAM 格式要好。

5. WMV 格式

WMV 是 Windows Media Video 的英文缩写，它是微软推出的一种流媒体格式。WMV 是一种独立于编码方式的在 Internet 上实时传播多媒体的技术标准。在同等视频质量下，WMV 格式的文件可以边下载边播放，因此很适合在网上播放和传输。WMV 的主要优点在于：可扩充的媒体类型、本地或网络回放、可伸缩的媒体类型、流的优先级化、多语言支持、扩展性等。

WMV-HD 是 WMV 其中一种，一般采用 .wmv 为后缀的 HDTV 文件就是采用的 WMV-

HD 压缩的。其压缩率可高于 MPEG-2 标准，同样是 2 小时的 HDTV 节目，如果使用 MPEG-2 最多只能压缩至 30GB，而使用 WMV-HD 这样的高压缩率编码器，在画质丝毫不降的前提下可压缩到 15GB 以下。

6. NAVI

NAVI 是 New AVI 的缩写，是一个名为 Shadow Realm 的组织发展起来的一种新视频格式。它是由 Microsoft ASF 压缩算法的修改而来的，以牺牲原有 ASF 视频文件视频流特性为代价，通过增加帧率来大幅提高 ASF 视频文件的清晰度。可以这样说，NAVI 是一种去掉视频流特性的改良型 ASF 格式，再简单点说就是非网络版本的 ASF。

7. 3GP

3GP 是一种由 3GPP（3rd Generation Partnership Project，第三代合作伙伴项目）制定的 3G 流媒体视频编码格式，主要是为了配合 3G 网络的高传输速度而开发的，也是目前手机中最为常见的一种视频格式。

可以说 3GP 是新的移动设备标准格式，它应用在手机、MP4 播放器等移动设备上。其优点是文件体积小、移动性强、适合移动设备使用；缺点是在 PC 机上兼容性差、支持软件少，且播放质量差、帧数低，较 AVI 等格式相差很多。

8. REAL VIDEO

REAL VIDEO （RA、RAM）格式是 Real Networks 公司开发的一种流媒体视频文件格式，可以根据网络数据传输的不同速率制定不同的压缩比率，从而实现低速率在 Internet 上进行视频文件的实时传送和播放。它就是定位在视频流应用方面的，也可以说是视频流技术的始创者。它可以在用 56K Modem 拨号上网的条件下实现不间断的视频播放，当然，其图像质量相比 MPEG-2、DIVX 等较差。毕竟要实现在网上传输不间断的视频是需要很大的频宽的，而 REAL VIDEO 则能很好地解决这个难题。

9. RMVB

RMVB 的前身为 RM 格式，它们是 Real Networks 公司制定的音频视频
压缩规范，能实现在低速率的网络上进行影像数据实时传送和播放，具有
体积小、画质也还不错的优点。早期的 RM 格式是为了能够实现在有限带
宽的情况下进行视频在线播放而被研发出来的，并一度红遍整个互联网。
而为了实现更优化的体积与画面质量，Real Networks 公司不久又在 RM 的
基础上，推出了可变比特率编码的 RMVB 格式。RMVB 的诞生，打破了原先 RM 格式那种
平均压缩采样的方式，在保证平均压缩比的基础上，采用浮动比特率编码的方式，将较高
的比特率用于复杂的动态画面，而在静态画面中则灵活地转为较低的采样率，从而合理地
利用了比特率资源，使 RMVB 最大限度地压缩了影片的大小，最终拥有了近乎完美的接
近于 DVD 品质的视听效果。我们可以做个简单对比，一般而言，一部 120 分钟的 DVD 体
积为 4GB，而用 RMVB 格式压缩后仅 400MB 左右，而且清晰度、流畅度并不比原 DVD 差
太远。

RMVB 由于本身的优势，成为目前 PC 中最广泛存在的视频格式，但在 MP4 播放器中，
RMVB 格式却长期得不到重视。MP4 虽然早就可以做到完美支持 AVI 格式，但却久久未
有能够完全兼容 RMVB 格式的机型诞生。

10. MKV

MKV 不 是 一 种 压 缩 格 式，而 是 Matroska 的 一 种 媒 体 文 件。
Matroska 是一种新的多媒体封装格式，也称多媒体容器（Multimedia
Container）。它可将多种不同编码的视频及 16 条以上不同格式的音频
和不同语言的字幕流封装到一个 Matroska Media 文件当中。Matroska 最
大的特点就是能容纳多种不同类型编码的视频、音频及字幕流，甚至囊括了 RealMedia 及
QuickTime 这类流媒体，可以说是对传统媒体封装格式的一次大颠覆！它现在几乎变成了
一个万能的媒体容器。

11. FLV

FLV 是随着 Flash MX 的推出发展而来的新的视频格式，其全称为 Flashvideo。它是在

Sorenson 公司的压缩算法的基础上开发出来的。由于它形成的文件极小、加载速度极快，使得网络观看视频文件成为可能，它的出现有效地解决了视频文件导入 Flash 后，导出的 SWF 文件体积庞大，不能在网络上很好地使用等缺点。各在线视频网站均采用此视频格式，新浪播客、56、优酷、土豆、酷 6、帝途、YouTube 等无一例外。

12. F4V

F4V 是 Adobe 公司为了迎接高清时代而推出继 FLV 格式后的支持 H.264 的流媒体格式。它和 FLV 主要的区别在于，FLV 格式采用的是 H.263 编码，而 F4V 则支持 H.264 编码的高清晰视频，码率最高可达 50Mbps。作为一种更小、更清晰、更利于在网络传播的格式，F4V 已经逐渐取代了传统 FLV，也已经被大多数主流播放器兼容播放，而不需要通过转换等复杂的方式。也就是说，F4V 和 FLV 在同等体积的前提下，能够实现更高的分辨率，并支持更高比特率，就是我们所说的更清晰、更流畅。另外，很多主流媒体网站上下载的 F4V 文件后缀却为 FLV，这是 F4V 格式的另一个特点，属正常现象，观看时可明显感觉到这种实为 F4V 的 FLV 有明显更高的清晰度和流畅度。

关于我们

西安曲江出版传媒股份有限公司是陕西省第一家国有股份制出版传媒企业，位于国家级文化产业示范区西安曲江新区，是由西安曲江出版传媒投资控股有限公司、陕西师范大学出版总社有限公司、西安曲江文化产业风险投资有限公司三家国有公司共同发起设立的新型出版传媒股份有限公司。公司集图书出版、期刊出版、音像与数字出版、广告经营为一体，致力于新媒体出版的探索与运营，积极拓展新型文化产品项目，综合开展教育与心理咨询、培训服务、版权贸易和文化产业贸易服务及与出版传媒相关的文化策划与文化用品的开发与经营。

目前，公司已经策划出版了 40 余种精品图书和多种期刊，承接了 20 余项出版工程，初步形成世界华文教育网络平台，且广告传媒业务已具规模。其中大型经典文化工程《西安秦腔剧本精编》、《大秦帝国》连环画、《大道楼观》系列丛书、《临潼物语》系列丛书、《西安旅游宣传册》等，已成为宣传和展示西安乃至陕西历史、旅游文化的重大工程；世界华文教育网络产品被 80 多个国家接受和应用，中华文化被迅速传播到世界各地；广告传媒势头强劲。

公司雄踞千年古都，蕴藏汉唐灵气，聚集行业才俊，结交渠道同盟，和时代脉动，谐万众心音。西安曲江出版传媒股份有限公司以传播科学与文化为己任，立足产品创新、服务创新与渠道创新，努力争做曲江品牌经营的能手和城市文化发展的推手。